그토록 바라던 반등의 기회

K - 뷰 티 인 차 이 나

"어떻게?라는 질문에 명백한 대답!"

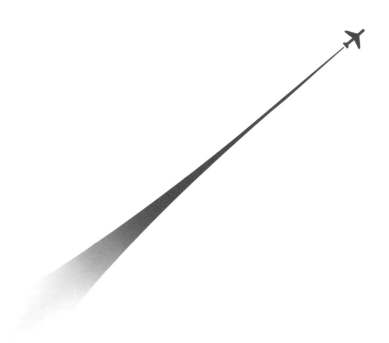

그토록 바라던 반등의 기회

K - 뷰 티 인 차 이 나

고병수 지음

좋은땅

1991년 초로 기억된다. 당시 나는 군 복무 중이었고 복무지는 미군이 함께했던 공군 부대였다.

약간의 변칙적인 방법을 통해 부대 내 미군용 펍(PUP)에 가곤 했었는데, 어느 날 테이블 옆 미군 병사 한 명이 맥주와 함께 《타임》지를 보고 있었다.

그가 보고 있던 잡지 속 한 사진이 눈길을 끌었다. 이라크와 전쟁(걸프전) 중인 사막 한가운데 참호 속에서 여군 한 명이 화장을 하는 모습이었다. 그때는 화장품에 대한 지식이 전혀 없었기 때문에 어떤 제품이었는지 알 수 없었으나 아마 선크림이었을 것 같다.

그 사진에 대략 5초쯤 시선이 머물렀을까, '전쟁 중에도 여자는 화장을 하는구나'라는 놀라움과 함께 '화장품 산업은 절대 망하지 않겠다'라는 확신이 그날 이후 무의식 속에 잠재되어 있었던 것 같다.

그래서였는지, 3년 후 대학 졸업과 함께 화장품 회사 마케터로 입사했다. 그때만 해도 남자가 화장품 회사에서 무얼 하느냐며 핀잔과 의심을 사던 시기였다.

화장품쟁이로만 살아온 지 30년이 되었다. 그동안 한국 화장품 산업은 그야말로 괄목 성장했다.

1994년 화장품 관련 공개 기업이 5개 정도에 불과했는데 작년 기준 70여 개사로 15배 증가했고 매출액 약 28조 원, 시가 총액은 40조 원이 넘는다.

화장품 산업의 고용 인원도 연간 누계 43만 명 가까이 된다. 또한 대표적 무역역조 산업이던 화장품은 환골탈태했다. 2000년 수출 1억1천만 달러, 수입 3억6천만 달러로 수입이 3배 이상 컸던 수입산업에서, 2022년 수출 79억5천만 달러, 수입 16억9천만 달러로 수출이 4배 이상 많은 수출산업으로 탈바꿈 했다. 화장품은 수출액 면에서 의약품을 능가하며 국가경제기여도 면에서도 앞선다. 연 매출 500억 이상 브랜드만 110개가 넘는다. 로레알, 에스티로더, 유니레버와 같은 글로벌 기업이 한국의 화장품 브랜드를 조(兆) 단위 금액으로 인수하기도 한다.

이 같은 놀라운 성과의 배경에는 우선 코스맥스, 한국콜마와 같은 ODM사에서 좋은 제품을 만들고 브랜드사에서는 마케팅과 영업에 집중함으로써 새로운 시장을 개척한 데 있다. BB크림, 쿠션, 스틱밤 등 잇따른 혁신 상품과 한류 영향도 크다. 그리고 중국이라는 거대 시장이 바로 옆에 있기 때문에 가능했다. 대(對)중국 수출 비중은 2021년 53%, 비록 떨어지긴 했지만 2022년에도 45%를 차지했다. 단일국가로는 절대적 1위다.

중국에서 한국 화장품의 인기가 시작한 2012년 무렵, 나 역시 중국 관련 사람들을 만났고 중국 출장도 많이 갔다. 만난 사람들의 다수는 조선족이거나 한국 국적자였다. 그들을 통해 들은 중국 시장 상황을 나는 팩트로 받아들였고 화장품 업계 사람들도 그러했다.

2018년 2월, 주재원으로 중국에 가게 되었다.

한국에 있을 때 들었던 중국 시장에 대한 이야기는 실제와 차이가 있었다. 한국 화장품을 취급했던 중국인들 중 화장품을 잘 아는 사람은 많지 않았다. 그들은 대체로 물류업에 종사하는 사람들이었다. 그들의 얘기가 조선족, 한국 사람들에게 전해졌고 이것이 우리가 아는 중국시장의 팩트로 통용되었던 것이다. 시장과 소비자에 대한 정확한 정보, 즉 시장 공략의 기초체력이 취약했음을 그제서야 알게 되었다.

이와는 별개로 중국시장은 그야말로 엄청난 성장 잠재력을 갖고 있다는 것을 직접 겪으며 확인했다.

리퀴드 립 생산량 월 2천만 개, 폼 클렌징 3천만 개, 기초 2종세트 월 500만 개 등 한국에서는 상상도 못 할 수량의 제품들이 생산되고 판매되었다. 한 회사의 생산 수량만 이 정도였다. 더욱 놀라운 것은 이런 제품들이 주로 인구 5억의 동부 해안 지역 사람들을 대상으로 한 것이었고 9억이 살고 있는 북서부 내륙지역은 별개라는

데 있었다.

시장은 충분하니 흐름을 잘 포착해 기획하면 한국 화장품에게 기회가 아직 많겠다 싶었다.

5년 후 한국에 돌아왔다.

중국 화장품 시장에 대한 이해와 정보는 5년 전 수준에 그대로 머물러 있는 듯했다. 대중 화장품 수출은 마이너스 실적을 경신해 갔다. 코로나19 3년이 많은 기여를 했다. 더욱이 미국 편향 외교, 그에 따른 경색된 한중 관계를 이유로 중국은 이제 끝났다 식의 분위기도 감지되었다.

이게 아닌데 싶었다. '정확한 문제 발견이 곧 해결'이라는 말도 있는데 문제도 모르면서 이미 결론을 낸 모양새라는 생각이 들었다. 정확히 아는 것이 중요하기 때문에 많은 것은 아니더라도 내가 아는 정도만이라도 알려야겠다는 마음으로 책을 쓰게 되었다.

1장은 중국 사람에 대한 이야기이다.

책의 성격이 기본적으로 화장품 관련 실용서이지만 그것의 기저로서 사람에 대한 이해(인문서)를 결합하고 싶었다.

어떤 업종, 무슨 일이건 사람에 대한 이해가 먼저라는 확신을 갖고 있어서다. 중국인에 대한 좋은 책들은 이미 많다.

나는 주로 화장품업계 중국인들을 만났기 때문에, 그들을 이해하고 경험을 분석하여 한국과는 어떤 차이가 있고 기회 요소가 무엇인지 등등에 관해 고민한 내용들을 엮어 보았다. 생활인으로서의 경험을 바탕으로 했기 때문에 구체적인 한편 국지적일 수 있음도 미리 밝힌다. 그래서 제목도 지극히 개인적 관점에서의 중국 사람 단면이다.

2장은 중국 화장품 시장에 대한 것이다.

중국 화장품 소비자는 누구고 어떤 피부 고민을 갖고 있으며 무슨 기준으로 어디에서 화장품을 구입하는지를 조사하는 한편 내가 겪었던 일들로 내용을 구성했다. 시장 통계자료보다 소비자 인사이트 측면에서 다루었기 때문에 이 또한 주관적일 수 있다. 하지만, 중국인 친구의 조사와 검증을 통해 이야기의 객관성을 높이기 위한 노력도 병행했다.

3장은 중국 사람이 만든 화장품 브랜드 사례를 엮었다.

차별화된 포지셔닝, 집중화 전략, 쇠퇴했다 부활한 방법, 프리미엄, 진정성 마케팅, 틈새시장 발굴 등 한국 기업이 관심을 기울일 필요가 있다고 생각되는 핵심 전략들을 사례 중심으로 설명했다. 데이터에 대한 기초조사와 더불어 직접 만나 미팅했던 대표나 임직원의 얘기도 첨가되었다. 이 장 역시 객관성을 높이기 위해 중국에서 일하고 있는 친구의 도움과 검증을 거쳤다.

중국은 이미 세계 2위의 화장품 소비시장이지만 아직 숨겨진 금

맥(金脈)도 많다. 미(美)에 대한 본능적 욕구와 함께 외부에 보이는 자신의 모습을 중요시하는 중국인의 체면 욕구는 화장품 소비를 더욱 증가시킨다. 애국 소비를 등에 업은 중국 로컬 기업의 화장품 경쟁력은 -향상되고 있기는 하지만- 아직 한국의 85% 수준이다. 때문에 앞서 말한 몇 가지 이유만으로도 중국에서 한국 화장품의 기회는 차고 넘친다고 확신한다.

　책은 '발견성'을 필요로 한다. 아무리 좋은 책이라 해도 발견되지 못해 읽히지 않으면 쓸모가 없다. 모쪼록 이 책이 발견되어 누군가에게 작은 도움이 되었으면 한다.

　이 책은 5명이 작업했다. 나를 제외한 4명은 그들의 희망에 따라 고스트라이터(Ghostwriter)로 숨겨 두었다. 항상 거침없는 H, 늘 사려 깊은 W, 언제나 호기심 많은 P, 매 순간 정성을 다하는 S, 그들이 있어 가능했다. 진심으로 감사하다.

　평소 '한 가지 뾰족함'만을 강조한 사람, 그분의 가르침과 배려로 5년 동안 참 많이 배웠다. 역시 진심으로 감사드린다.

　중국에서의 일 근육과 마음 근력을 갖게 해준 동료와 팀원에게도 마음 깊이 고마움을 전한다.

2023년 11월

목차

3장 高농축, 高효능 마케팅 앰플

1장

지극히 개인적 관점의
중국 사람 단면들

"인문학에서 '문(文)'이란 원래 무늬란 뜻으로 인문(人文)이란 인간의 무늬를 말한다. 따라서 인문학이란 '인간이 그리는 무늬'를 탐구하는 학문이며, 교양이나 지식을 쌓기 위한 것이 아니라 생존을 위한 도구이다."

- 최진석,《인간이 그리는 무늬》

"사람은 끊임없이 형성되는 존재이지 결코 완성되어 태어난 존재가 아니다. 그래서 '휴먼(Human)'이 아닌 '휴먼빙(Human-being)'인 것이다."

- 정진홍,《인문의 숲에서 경영을 만나다》

인공지능(AI) 시대에도 사람에 대해 아는 것이 먼저고, 내가 겪어 본 중국 사람(人)에 대한 지극히 개인적 견해(文)이다.

너무나 실용적인 츄리닝 루틴(Routine)

세대를 불문하고 츄리닝은 한국에서 가장 많이 즐겨 입는 옷 중의 하나가 아닐까 싶다. 나의 세대는 세월의 무게가 느껴지는 펑퍼짐과 공간의 점착(粘着)으로 인한 반질반질함이 특징인 빈티지성(?) 츄리닝을 즐겨 입었다. 가끔 야유회나 기념일에 받아온 회사 로고가 선명한 것을 입기도 했다.

츄리닝의 어원은 훈련, 연습을 뜻하는 'Training'이다. 어두에 'tr'이 'ㅊ'로 바뀌는 흔한 경우다. 운동복은 영어에서는 'Tracksuit'나 'Jogger'라고 하고 중국어에서는 '윈동푸(运动服)'라 한다.

화장품 회사에 오랜 다닌 이유로 나는 자연스레 옷에 관심을 갖는다. 뷰티와 패션 트렌드는 궤를 같이 하는 경우가 많아서이기도 하다. 중국에 온 후 처음 몇 달간은 일부러 대중교통을 많이 이용했고 거리를 다니면서 사람들의 화장이나 옷차림을 유심히 관찰했다.

일단 화장은 풀(full)메이크업을 하는 사람이 한국에 비해 적었다. 옅은 베이스에 아이브로우와 립 정도. 베이스의 경우 자주 덧바르지 않기 때문에 지속성을 중요하게 여긴다.

옷차림도 전반적으로 수수하다는 인상을 받았는데 시간이 지나면서 무언가 중국만의 드레스 코드가 있다는 것을 발견했다.

'츄리닝'이었다.

같이 근무하던 직원들도 남녀 구분 없이 츄리닝을 즐겨 입었다. 회사 내에서뿐 아니라 크고 작은 외부 행사장에서도 이 드레스 코드는 디폴트(default), 자주 발견된다. 특히 알리바바, 위챗 등 IT나 플랫폼 업종에 있는 사람들은 거의 백퍼(%), 츄리닝을 입고 행사장에 나타나 축사를 하고 시상을 하고 브리핑을 한다. '회사 내에서는 늘 보는 사람들'끼리니 그렇다 쳐도 외부 행사장에서까지 츄리닝은 좀 심하다 싶었다. 보통의 우리 기준에서는 예의에 어긋난다고 생각될 것이다. 나 역시 꼰대 세대인 듯 하다.

하지만 중국 사람들은 예의가 없다고 생각하지 않는다.

이유는 우선 중국 중·고등학교 교복이 슈트(suit)가 아닌 츄리닝 타입인 것과 관련 있다. 어려서부터 츄리닝이 주로 운동이나 캐쥬얼한 장소에서 입는 것이라는 인식 없이 포멀(formal)한 장소의 복장으로까지 자연스럽게 이어지고 있는 것이다. 그리고 '남을 신경 쓰지 않는다(不理他)', 중국 사람들이 자주 쓰는 말이다. '내가 편하면 그만'이라는 사고가 기저에 깔려 있기 때문이기도 하다.

사실 '츄리닝'만큼 실용적인 옷은 없다. 집에서의 홈웨어와 잠옷, 집 근처 외출 시 원마일웨어, 운동이나 등산할 때 활동복 등 아주 다양하게 활용 가능하니 말이다.

'실용주의'는 19세기 후반 미국을 중심으로 발전한 철학사상으로서, 실제 결과가 진리를 판단하는 기준이라 여기며 따라서 행동을 중시하고 사고나 관념의 진리성은 실체적인 검증을 통하여 확인[입증]되어야 한다고 주장한다.

중국은 도덕적 가치와 인격 수양, 무위(無爲)와 무명(無名)의 자연 이치를 중시하는 유가와 도가가 오랫동안 사상을 지배해 온 동아시아 유일의 철학 보유국이다. 유가와 도가는 형이상학적 측면에서 실용주의와는 다소 대립적이다. 그럼에도 중국 사람들의 실생활은 매우 실용주의적이다.

사실 중국 실용주의는 뿌리가 깊다고 한다. 춘추전국시대 맹주인 제(齊)나라는 실리, 실용을 국가 운영의 근본으로 삼았다. 공자는 시공간적 현실 속에서 최선의 결과, 즉 '인(仁)'이 실현되어야 한다고 설파했다. 때문에 유가는 이상적이면서도 실제적이며 실천적인 사상이라고도 한다. 이런 이유 등에서 중국 실용주의는 2500년간 이어져 왔다고 한다. 또한 청조 말부터 마오쩌둥 통치 기간을 거치며 확고히 자리를 잡았다고도 한다.

실제 중국 현대 사상과 문화에 큰 영향을 끼친 이가 미국의 실용주의 철학자 '존 듀이(John Dewey)'다. 1919년 4월 30일 중국 공산당 창립자 천두슈(陈独秀)의 초청으로 상하이에 도착한 존 듀이는 2년 3개월간 중국에 머물면서 11개 성(省)과 대도시를 순회하며 100차례 이상 실용주의를 소개했다. 공산당 주요 지도부가 강연에 참석했고 특히 마오쩌둥(毛泽东)은 두 차례 참석해서 강연내용을 모두 기록했다고 한다. 마오쩌둥은 '하늘 아래 절반을 떠받치고 있는 건 여성이다'라는 유명한 말과 함께 여성의 지위향상과 남녀평등권을 주창했다. 또한 쓰기 쉽고 실용적인 '간체자'를 고안해서 문맹률을 획기적으로 낮추기도 했다. '존 듀이'가 큰 영향을 끼쳤음을 짐작해 볼 수 있는 대목이다.

'불의(不義)는 참아도 불이익은 못 참는다.' 현실적이고 실질적인 자신의 이익을 중요시하는 반면 세상의 불의에는 무관심한 중국인의 실용주의적 습성을 반영하는 말이다. 자신의 이익 여부가 시비(是非)의 판단 기준일 때도 많다. 이런 실용주의적 습성은 계약서에서도 찾아볼 수 있다.

중국 계약서에도 갑방(甲方), 을방(乙方) 권리와 책임이 명확히 기재되지만 무의미할 때가 많다. 명시된 모든 조항보다 눈으로 확인된 이익 여부가 계약 이행을 가름한다. 명분이나 신의, 심지어 법마저도 거래의 스탠다드가 되지 못한다. 중국에서의 계약서는 약간의 안심장치일 뿐 안전장치는 못 된다.

왕홍(网紅)과의 라이브 판매에서도 자신의 이익을 최우선시하는 습성을 쉽게 접할 수 있었는데 이것은 한국 화장품 기업도 많이 경험했을 것이다. 왕홍에 따라 차이가 있지만 방송에 앞서 판매목표보다 약 1.5배의 재고를 확보하도록 요구하곤 한다. 재고 부담이 걱정되지만 판매를 자신하고 결과 또한 예측하기도 어려워 부득불(不得不) 준비한다. 판매가 계획보다 부진해서 재고가 남는 것은 그래도 낫다. 문제는 계약서가 있음에도 불구하고 사전 양해 없이 판매 자체를 안 하는 경우가 드물지 않다는 것이다. "막상 팔려 하니 돈이 안 될 것 같고 그래서 하기 싫어졌다", "그 시간에 다른 제품을 팔면 더 많은 돈을 벌 수 있을 것 같았다". 이유들은 대략 이렇다. 법적으로 또 인간적으로 호소해도 아무 소용없다. 그저 당하는 수밖에. MCN(다중 채널 네트워크) 회사의 답도 뻔하다. "시장이 안 좋고, 요즘 한국 제품에 대한 관심이 적다. 정부로부터 새로운 지침이 내려왔다." 안타깝게도 유독 한국 화장품 기업이 이런 일을 많이 겪는다. 단기 매출이 급하고 성미까지 급한 우리의 상황과 심리를 그들이 너무나 잘 알고 있기 때문이다.

중국에서는 사기꾼보다 사기를 당한 사람을 나무라는 경우가 많다. 누구나 이익을 중요시하는 것이 인지상정(人之常情)인데 사기꾼도 마찬가지라는 이유에서다.

수천 년간 내려온 DNA, '중국식 실용주의'를 알고 나면 조금은 이해가 될 것도 같다.

$$\overline{02}$$

젊을수록 건강에 더 집착한다

한국의 핫 아이템인 스틱 멀티밤(Stick multi balm), 오랜만에 나온 히트 제품이고 근무했던 회사에서 만든 것이기도 해서 화장품쟁이로서 매우 기뻤던 기억이 있다.

이를 중국에서도 확산시키기 위해 시장에 맞는 제품 개발을 두 달간 진행했고, 적합한 고객사에게 소개(P.T)했다. 결과는 참패, 선정한 고객사가 단 한 곳도 없었다.

"왠지 모르게 끈적이는 것 같은 (느낌적) 느낌이다", "스틱 제품에 대한 소비자 습관이 형성되지 않아 학습 비용이 많이 든다", "단가가 비싸다" 등 여러 이유가 있었지만 결론적으로는 "위생상 문제가 있을 것 같다"는 것이 핵심이었다. 특정 부위를 통해 발라야 하는 스틱 특성상 사용과 관련한 위생을 우려한 것이다. 사실 의학적으로는 아무런 문제가 없고 기우에 가깝다. 마치 시험날 미역국을 먹지 않는 것과 같은 맥락이다.

중국 사람들은 약한 감기같이 조금만 아프다 싶으면 바로 약을 먹거나 심하다 싶을 정도로 걱정을 많이 한다. 특히 젊은 사람일수록 '포비아(Phobia, 공포증)'라고 해야 할 만큼 건강에 더 집착하는 편이다.

그 이유에 대해 중국 직원들과 얘기를 나눈 적이 있다. '칸빙난 칸빙구이(看病難, 看病貴).' '병원에 가기도 어렵지만 진료비는 더 비싸다'는 의미인데 중국 사람들이 아플 때 많이 쓰는 표현이다.

중국의 의료체계는 경제규모에 비해 많이 낙후되어 있다. 인구 대비 병원도 부족하고 의료 수준이 낮은 데다 비싸기까지 하다. 한 번 진료받으려면 3~4시간 대기는 기본이다. 따라서 아파도 병원에 가지 말라는 말을 어릴 때부터 듣고 자랐다고 한다.

중국정부는 중요 예방사업이나 의료시설관리, 의료요원 교육 등 필수 부분만 지원하기 때문에 나머지는 병원 자체의 진료 수입을 통해 충당되어야 한다. 결과적으로 개인 부담이 클 수밖에 없는 구조이다. 2020년 기준 중국 내 의사는 약 408만6천 명이다. 인구 1천 명당 2.9명으로 OECD 평균 3.4명보다 낮다. 경제수도라고 하는 상하이에서조차 인구의 38%만이 의료혜택을 받고 있다.

중국에서는 의사들이 존경을 받지도 않고 의료행위로 고소득을 올리지도 못한다. 당연히, 희망 직업 1순위도 아니다.

피부과 의사와의 협업을 위해 중국에서 가장 유명하다는 병원에 여러 번 간 적이 있다. 진료실에는 병원 공식 처방과는 무관해 보이는 화장품이 꽤 있었고 나중에야 이유를 알았다. 의사 급여가 높지 않으니 부가 수입을 위한 것이었다. 의사 본인이 직접 나서지는 않는다. 믿을 만한 사람을 내세운다. 호객꾼을 뜻하는 '이퉈(醫托)'와 일종의 급행료인 '쑤퉁페이(疏通費)'도 흔하다. 중국 의료계는 제약업체나 장비업체로부터 거액의 리베이트나 금품을 수수하는 관행도 뿌리깊게 자리 잡고 있다. 중국정부는 최근 이러한 '의료계 부패' 척결 활동을 강화하고 있기도 하다. 중국 사람들이 건강에 더욱 집착하게 되는 또 하나의 이유이다.

열악한 의료서비스도 한몫한다.

코로나19로 3년 동안 한국에 오가지 못하던 상황에서 회사의 배려로 중국에서 종합검진을 받은 적이 있다. 상하이 시내 중심에 있는 외국인 전문병원이었고 건물 외관도 괜찮았다. 그런데 검사가 진행되면서 왠지 모를 불신이 생기기 시작했다. 먼저 청력 검사를 하는데 귀에 숟가락을 대고 두드리면서 잘 들리는지 물어봤다. 시력검사 때 철제 숟가락으로 한쪽 눈을 가리게 한 것은 물론이다. 폐활량 검사는 까만 비닐봉지를 주면서 그 속에 숨을 몇 번 크게 내쉬게 했다. 대장 검사를 할 때에는 1.5리터가 넘는 액체를 먹고 화장실을 수없이 오가야 했다. 장(腸)이 깨끗이 비워졌는지 확인하기 위해 나에게 변기 속을 찍어 오라고도 했다. 그럼에도 비용은 한국보다 비쌌다.

직접 겪어도 보고 여러 얘기를 들어 보니, 젊은 친구들이 건강에 집착하는 이유는 '예방이 상책'이기 때문이었다.

2018년만 해도 중국 소비자는 리퀴드 립(Liquid Lip) 구매를 기피했다. 입술에 착색이 되어 건강에 좋지 않다는 이유에서다. 하지만 중국에서의 성장이 확실시된다고 판단되어 몇 개월간 준비했고 결과는 아주 좋았다.

그러면 건강 이슈는 어떻게 해결했던가?

기존의 리퀴드 립보다 색상 표현이 우수하지만 착색 현상은 일어나지 않는다는 점을 어필했다. 신뢰성을 높이기 위해 이를 증명하는 실험 영상도 제작했다. 대신 지속력은 좀 떨어질 수 있다(착색이 안 된다는 말과 같은 의미)는 점을 부연했다. 또한 소비자 교육에 필요한 다양한 자료도 제공했다.

상하이와 광저우, 베이징에 거주하는 20대 초반 여성으로부터 폭발이 시작되었다. 그로부터 5년이 지난 지금, 중국 립시장에서 리퀴드 비중이 스틱보다 높고 로컬 제품의 판매 점유율이 글로벌 브랜드를 앞선다.

중국인의 건강 이슈를 화장품과 잘 연계하면 새로운 기회를 만들어 낼 수 있다. 그러기 위해서는 먼저 중국인만의 건강 코드가 무엇인지 알아야 한다.

문화인류학자 클로테르 라파이유는 그의 저서 《컬처 코드(Culture code)》에서 국가마다 건강 코드에 차이가 있다고 했다. 미국인의 건강 코드는 활동(Movement)이다. 미국인은 자유로운 시간을 비워 두지 못한다. 은퇴로 일을 못 하게 되거나 늙어서 운전면허가 취소되면 극도로 낙담하는 이유는 바로 활동력 상실이 치명적이기 때문이다. 우리의 뇌는 활동 속도가 느려지면 건강을 잃고 있다는 암시라고 느낀다.

일본인의 건강 코드는 의무(Obligation)이다. 건강해야만 자신의 문화와 공동체, 가족에게 몸 바쳐 이바지할 수 있기 때문이다. 일본인은 병이 들면 깊은 죄책감에 빠진다.

한편 중국인의 건강 코드는 '자연과의 조화'라고 했다. '천문학의 이론적 바탕 아래 식물을 약의 주재료로 삼는 중의학은 역사만 5천 년에 이른다. 중국인은 자신이 자연의 원소들과 영원한 관계 속에서 살며 건강은 자연과 조화를 이루는 것과 관련이 있다고 믿는다.'라는 것이다.

중국인의 건강 코드는 철학 사상에서도 찾아볼 수 있다.

평유란(馮友蘭)의 《중국 철학사》를 보면 유가와 도가는 2500년 이상 중국 사상의 양대 조류이고 오랫동안 발전을 거듭하면서 중국인의 중심부에 자리 잡았다고 한다. 그러면서 '유가는 입신양명과 사람과의 관계에, 도가는 자연과 조화하면서 어떻게 살아야 하는가에 대한 질문과 답을 던진다'라고 했다.

중국 대형 온라인 여행사인 시트립(ctrip)의 통계를 보면 올해 사찰을 찾는 중국인이 전년대비 310% 이상 폭증했으며 이 중 50% 이상이 지우링허우(1990년대생)와 링링허우(2000년대생)인 중국 청년이다. 취업 스트레스를 덜기 위한 영적 도피처나 사진을 찍어 자신의 독특함을 보여 주기 위한 것이라는 등 여러 의견이 있지만, 분명한 것은 사찰은 도심을 떠나 자연 속에 있다는 것이다.

03

장사, 삶의 의미(生意)

거리를 걷다 보면 물건을 팔기 위해 뒤를 쫓는 중국 청년들을 심심치 않게 마주치곤 했다.

서울 지하철역 주변에서 '신(神)의 믿음'을 강요하는 사람들과 오버랩되기도 했는데, 다른 점이 있다면 '집요함'이다. 외국인이고 중국말 모른다 해도 거침없다. 조금의 틈이라도 보이면 집까지 따라올 기세였다.

상하이 대형 쇼핑몰이나 상점가 앞에는 노점상이 즐비하다. 일자리를 늘리기 위한 정부 시책과 관련 있다. 이곳에서 파는 것은 꼬치, 탕후루, 전병과 같은 길거리 음식에서부터 액세서리, 미니 향수, 꽃까지 다양하다. 노점상 주인은 주로 젊은 친구들이고 장사도 매우 활발하게 한다.

'파는 행위'에 대한 한국 청년들의 거부감을 알고 있기 때문에 중국 청년들의 이에 대한 집요함과 적극성은 어디서 나오는지 궁금할 때가 많았다.

중국인에게 '파는 행위', 즉 '장사'는 '삶의 의미(生意)'다. 중국에서 장사를 뜻하는 단어는 여러 개 있다. 셩이(生意), 징샹(经商), 쓰에 (事業) 등인데 약간의 차이가 있지만 '삶의 의미'라는 뜻인 셩이(生意)가 가장 많이 쓰인다. 개업 축하 화환에도 '대박 나세요'라는 의미인 '셩예셩이(盛業生意)'나 '셩이씽룽(生意興隆)'이 눈에 자주 띈다.

미국의 언어학자인 에드워드 사피어(Edward Sapir)는 언어가 사상을 지배한다는 주장을 피력했다. 그는 "인간의 사고는 언어를 통해 이루어지고, 표현되는 언어는 인간 사고의 결과물이다. 예를 들어 우리는 흔히 무지개는 7가지 색이라 하지만 어느 문화권에서는 30개라 한다. 사실 태양광선이 어느 정도 굴절되고 반사되느냐에 따라 보이는 색이 달라짐에도 7가지 색이라고 언어를 통해 지속적으로 학습했기 때문에 그렇게 생각한다"라고 말했다.

그의 이론에 빗대자면 중국 사람들은 장사가 삶의 의미(生意)라고 지속적으로 학습했기 때문에 표현대로 살아온 것이다.

우리말 사전에는 '장사란, 이익을 얻으려고 물건을 사서 팖 또는 그런 일'이라고 풀이되어 있다.

중국에서의 근무 첫해 1년간 대학에서 중국어 수업을 들었다. 출장을 핑계로 결석도 많고 '돌아서면 깜박' 때문에 중국어는 지금도 형편없지만 중국 대학생활을 관찰할 수 있는 기회가 되었다.

중국의 대학캠퍼스는 한마디로 사회 속의 또 다른 사회이다. 보통 집에서 통학하면서 수업에 참여하고 동아리 활동을 하는 한국 대학과는 다르다. 지역마다 차이가 있지만 약 70%의 대학생이 기숙사 생활을 한다. 넓은 영토와 관련 있다. 캠퍼스 내에서 숙식과 여가활동은 물론 창업 관련 동아리와 다양한 모임을 통해 일과 공부를 병행하는 경우가 많다. 참고로 중국 대학 주변에는 술집과 유흥 시설이 거의 없다. 교내에서 기업 광고와 영업활동도 이루어지고 대학 전문 마케팅 에이전시도 지역별로 있다.

중국은 이스라엘과 함께 세계 최고 수준의 창업 국가다.

코로나19 이후 경기 부진으로 줄어들긴 했지만, 유니콘 기업 수는 2022년 기준 170개로 한국보다 12배 많다.

중국의 창업은 청년세대가 이끌고 있다. 〈중국 청년창업 발전 보고〉에 의하면 창업자의 51.3%가 19~23세고 직업 배경으로는 대학 재학과 졸업 예정이 68%를 차지한다.

2015년 3월 정부의 '대중창업 만중창신(大衆創業 萬衆創新, 대중이 창업하고 전체 인민이 혁신하자는 의미)' 정책 공표는 대학생의 창업 열기에 많은 영향을 끼쳤다고 한다.

정부 주도의 강력한 창업지원과 환경 개선으로 코로나19 이전에는 약 1천만 명의 대학 졸업생 중 70~80만 명 정도가 창업했다.

직업관도 창업에 큰 영향을 끼친다. 중국 청년의 직업관 1순위는 경제적 부(富)다.

중국에서는 사업에 실패해도 얼마든지 재기가 가능하다. 예를 들면, 민법상 중국 고유의 '보증 기한'이라는 것이 있다. 실패해도 일정 기간 준비해서 다시 시작하라는 의미이다. 그리고 동업(同業)이 기본이다. 한국에서는 가능한 동업하지 말라고 한다. '동업하면 끝이 안 좋다'라는 주술적 경고가 깔려 있기도 하다. 중국은 조그마한 식당조차 동업이 기본이다. 동업 시 기본적으로 각자 잘하는 분야를 선택하고 최소한의 자금을 투자한다. 약간의 성과만 만들어지면 외부 투자는 한국에 비해 수월한 것으로 안다. 망하더라도 서로 원망하는 경우는 드물다. 인간관계가 아닌 서로의 이익이나 필요에 의해 모이다 보니 원망과 서운함 없이 그저 헤어지면 되는 것이다. 그러다가 필요하면 다시 만나 일을 하는 경우도 부지기수라고 한다.

파는 행위에 대해 진심인 것은 회사 내에서도 찾아볼 수 있다. 상하이 같은 대도시에 소재하는 기업의 월 평균 급여는 110만 원 내외(약 6천 위안)다. 그런데 젊은 직장인들 손에는 어김없이 아이폰이 들려있다. 아이폰 평균 가격은 190만 원(약 1만 위안)이 넘는다. 그게 가능한 이유는 할부(보증) 구매나 부모 도움도 있지만 급여 외 판매 소득이 있기 때문이다.

소비재를 취급하는 회사는 기본적으로 직원 판매를 한다.

주로 선물이나 본인 사용 목적의 한국과 달리 친구, 가족, 주변 사람들에게 적극적으로 판매한다. 퇴근 후나 주말에는 라이브방송도 한다. 중국에서 라이브 판매가 활성화되고 있는 요인 중 하나다.

중국인의 부(富)와 돈에 대한 염원은 유전자 속에 내재되어 있다. 중국 최고의 역사서인 사마천의 《사기(史記)》 중 '화식열전(貨殖列傳)'은 바로 '돈의 변화와 원리에 관한 것'이다. '화식열전'은 춘추 말부터 한나라 초까지 상공업으로 재산을 모은 인물들의 이야기를 담은 것으로서 '부와 돈에 대한 가르침'을 전하고 있다.

"창고가 차야 예절을 알고, 입고 먹을 것이 넉넉해야 명예와 치욕을 안다"라는 구절, 이는 곧 예의는 돈에서 나오고 돈이 없으면 예의 없는 사람이 된다는 말이다.

《중국인은 어떻게 부를 축적하는가》의 저자 소준섭은 '화식열전'을 소개하면서 "중국인은 부자가 되려는 염원과 열망을 품고 자신의 생업과 교역 활동 의지로 충만한 사람들"이라고 보았다. 그리고 "돈에 대한 그들의 열망은 일시적 현상이 아닌 장구한 역사성을 지닌 주류적 흐름이다."라고 했다.

돈 버는 일에는 절(사찰)도 예외가 아니다. 우리에게 쿵푸 1번지로 잘 알려진 소림사는 2008년 홍보대사 선발대회에서 참가자로

하여금 비키니를 입고 사찰을 돌아다니게 했다. 볼거리를 제공해서 입장수입을 최대한 올리기 위함이었다. 그뿐 아니다. 소림사는 2015년에는 호주의 4성급 호텔을 인수했고 2020년에는 한 의류 브랜드와 상표권 분쟁을 벌이면서 666개의 상표권을 출원하기도 했다.

한국 화장품을 취급하는 따이궁(代工)의 역할과 비중에 대해서는 많이 알려져 있다. 그런데 중국 유학생이 화장품 따이궁의 단초가 되었다는 것을 아는 사람은 의외로 적다.

교육부 통계자료를 보면, 2000년 2천 명에 불과했던 한국 내 중국 유학생은 2010년 25배 증가하여 5만 명을 넘어섰고, 2022년도 기준으로는 7만 명이 넘는다. 한국산 화장품이 중국에서 많이 팔리기 시작했던 때가 2012년, 중국 유학생이 폭발적으로 증가했던 시기와 거의 일치한다.

장사가 '삶의 의미(生意)'라고 학습된 중국 청년들의 눈에 한국 화장품이 뜨인 것은 어쩌면 당연한 일이었을 것이다. 그들은 위챗을 통해 한국 제품을 소개하고 트렁크와 EMS로 자국으로 보내면서 생활비와 여행경비를 보탰는데 이는 곧 한국 화장품의 중국 판매에 좋은 영향을 끼쳤다. 따라서 한국 화장품 업계에 종사하는 사람들은 중국 유학생에게 감사해야 한다.

'장사'가 '이익을 얻으려고 물건을 사서 팖 또는 그런 일'이라고 학습된 사고와 '삶의 의미'라는 사고는 바로 '행동의 큰 차이'로 나타난다.

적어도 '장사'만큼은 중국 청년들에게 배울 것이 많다.

04

무딘 감성의 착한 친구들

중국에서 일한 지 얼마 안 되어 겪은 일이다.

나의 업무 중 하나는 고객사(주로 화장품 브랜드社)에게 필요한 제품을 기획하고 개발해서 소개(P.T)하는 것이었다. 상하이 연구소에서 개발한 제품을 P.T 전에 광저우로 보내야하는 상황이었다. 직원에게 내용을 알려주고 파손되지 않도록 잘 포장해서 보내라고 했다. 그런데 며칠 후, 받은 제품 중 파손된 것이 있다는 연락을 받았다. 확인해보니 약 30% 정도였고 해당 제품의 경우 완충제가 없었다. 잔소리를 할 요량으로 담당했던 직원에게 연유(緣由)를 물어보니 포장하다가 완충제가 떨어졌다 했다. 완충제가 떨어졌을 경우 구매하라는 별도의 얘기가 없어서 그냥 보냈다는 말도 덧붙였다. 나중에야 알게 되었지만, 작은 일에도 업무 지시나 매뉴얼에 익숙한 습관 때문에 벌어진 일이었다.

이런 황당한 일은 주변에서 쉽게 목격된다. 식당에서 라면을 먹다 보면, 한국 라면을 사용하고 조리된 면발 상태도 괜찮고 적당히 익은 김치를 내놓은 것까지는 좋다. 그런데 문제는 김치가 입장하는 시간에 있다. 라면을 거의 다 먹을 때쯤 나온다. 김치를 라면과 같이 먹어야 하는 것을 모르거나 식당 매뉴얼에 없기 때문이 아닐까 싶다.

상하이에는 비가 자주 온다. 한번 내리기 시작하면 동남아 우기(雨期)처럼 거의 한 달 넘게 이어질 때도 있다. 어느 해 12월, 비가 제법 내리던 날이었다. 일하다 문득 창밖을 보니 건너편 건물에서

비 오는 날

사람들이 긴 줄에 매달려 무언가를 하고 있었다. 호기심에 창가로 다가가 자세히 보니 유리를 닦고 있었다. 순간 내 눈을 의심했다. 아니 비 오는 날 유리 청소를, 그것도 얼추 일고여덟 명이 10층 빌딩에 나란히 매달려서! 짐작하건대 그들은 그 건물 유리를 정기적으로 청소했고 비 오는 날 작업하지 말라는 지시가 매뉴얼에 없었을 것이다. 비 오는 날 화단에 물 주는 작업자의 모습도 심심치 않게 목격하곤 한다. 양식 메뉴를 시키다 보면 애피타이저와 메인디쉬는 물론 커피로 시킨 디저트까지 순서에 관계없이 한 번에 주는 곳이 많다. 이 역시 매뉴얼에 없거나 한 번에 음식을 내어주는 보통

의 중국 음식 시스템에 익숙한 탓이다.

중국은 제조 강국이다. 중국 국무원 자료에 따르면, 2021년 기준 중국의 제조업이 전 세계에서 차지하는 비중은 30%이고 과거 노동집약적 제조업에서 첨단 제조업과 고부가가치 제조업으로 변화하고 있다. 그에 비해 서비스나 소프트파워는 아직 부족하다는 것을 일상에서도 쉽게 확인할 수 있다.

소프트파워를 높이기 위해서는 '창의력'이 필수적이다. 매뉴얼은 '창의(創意)'의 반대편에 있다.

'창의력'은 세상과 사물의 움직임에 대해 세심히 관찰하고 고민하는 힘에서 나온다. 또한 창의력은 책임감, 자기주도, 자아성취, 자율 등의 발현에서 샘솟는 경우가 많다. 책임지기 싫어하고 시스템에 익숙한 중국인의 일반적 행동 습성은 그들의 잘못이 아니다. 오히려 그들은 하찮고 귀찮다고 생각되는 일에도 최선을 다하는 편이다. 강제하는 책임으로부터 자유로운 환경이 우선이다.

'창의력'은 또한 언어와도 깊은 관련이 있다.

지구상에는 약 3천 종의 언어가 있다 한다. 그중 한글은 입 모양과 천지인을 본뜬 상형적 제자(制字) 원리, 그 바탕이 된 세계관, 합자(合字)의 기하학 내지 위상수학적 측면을 비롯하여 인간사회의 질서를 반영하는 존대법에 이르기까지 여러 요소가 의도적으로 배합된 융합의 언어이다. 때문에 세상을 바라보고 느끼는 다양하고 다채로운 감성의 표현을 가능하게 한다.

중국에서 근무할 때 첫 번째 깨달음이 바로 '언어의 본질적 차이'였다. '비즈니스'란 원하는 것을 얻기 위해 매일 누군가를 설득하는 과정이다. 연구원은 제품개발로, 영업은 신뢰의 관계로 상대방을 설득하고 성과를 만든다. 내가 맡고 있던 전략마케팅은 제품의 가치를 높이는 기술에 해당되며, 제품의 의미를 다양하게 변주할 줄 아는 언어유희(言語遊戲)가 중요하다.

팀원들이 만든 P.T자료를 처음 보았을 때 너무 기능적이고 평면적이라는 느낌을 받았다. ODM업무 특성상 제품 자체의 기술과 기능적 팩트(Fact)가 가장 중요함은 두말할 나위가 없다. 하지만 사람을 설득한다는 것은 결국 마음을 움직이게 하는 것이고 이는 이성적 요소만으로는 부족하다.

'○○기술, ○○성분, 효과가 ○○% 뛰어난 A미백 에센스'라는 기능적 소구 포인트에 '천상의 하얀 눈꽃이 사뿐히 내려와 얼굴에 살포시 스며든다'와 같은 감성적 느낌을 한 스푼 가미해 중국어로 같이 표현해 보면 어떨지 의견을 구한 적이 있다. '떨어진다. 하얀 눈이 너의 얼굴에.' 몇 번을 수정해 보아도 중국어로는 이 범위에서 벗어나질 못했다. 알다시피 중국어는 '뜻글자'다. 깊은 뜻을 헤아리려면 한참 생각해야하는 고됨이 있다. 개인적 생각이지만 직관적인 느낌을 전달하는 감성 표현에도 한계가 있지 않을까 싶다.

중국 거리의 공익(公益) 플래카드와 포스터에는 '창신(創新)', 즉 '창의력'을 강조하는 내용이 유독 많이 눈에 뜨인다. '창신 인민', '창신 미래' 등등 그만큼 중국인들도 창의력이 부족하다는 것을 자각하고 있다는 방증일 것이다.

현 중국 영토 내에서 세계 4대 발명품(종이, 나침반, 화약, 활판 인쇄술)이 탄생했다는 맥락에서 중국인들이 가진 잠재적 창의력은 무시할 수 없다. 하지만 이는 개인이 발명했다기보다 고대의 축적된 문화와 시스템에 의해 발명되었다고 보는 것이 맞을 것 같다. 바이두(Baidu) 검색 시 발명가 이름도 애매모호하다.

창의력이 진정한 힘을 발휘하려면 애정과 충성도가 필요하다. 창의력의 결과물을 가시적인 성과(매출)로 연결시키기 위해서는 결과물에 대한 애정과 열정을 가지고 함께 뛰어 주어야 하기 때문이다.

수많은 혁신제품들이 캐즘(Chasm)의 늪에서 빠져 나오지 못하고 사장(死藏)되는 것은 깊은 애정을 갖고 전도(傳道)하는 사람이 적기 때문이기도 하다.

중국인이 직업관에서 가장 중요하게 생각하는 것은 '수입'이다. 때문에 이직이 잦고 회사 로열티도 한국, 일본에 비해 낮은 편이다. 물론 예외는 있기 마련이다.

내가 일한 곳은 직원들의 높은 로열티와 빠른 실행력이 돋보였다. 2022년 3월 말, 상하이 시(市) 전체가 코로나19 봉쇄에 들어갔고 이는 두 달간 이어졌다. 그 기간 동안 345명의 직원은 공장 바닥에 빈 박스를 깔고 잠을 자며 평소와 같이 생산에 임했다. 또한 봉쇄 공표 불과 4시간 만에 345명의 한 달치 식재료를 준비했다. 이러한 자발성과 기민함은 평상시 축적된 중국 직원들의 애사심(愛社心), 한국식 정(情) 문화로부터 발현된 게 아닐까 싶다.

중국의 기업문화는 매뉴얼과 시스템 면에서는 강하지만 창의성과 디테일 면에서는 약한 편이다. 한국인의 특기인 톡톡 튀는 감성, 창의 그리고 '정(情)'의 문화를 중국인 정서에 융합한다면 멋진 성과를 만들어 낼 수 있다.

05

싼 게 비지떡은 당연하다

중국인 친구들과 함께 상하이 홍첸루(虹泉路)에 있는 한국 식당에 갔을 때다. 중국 사람들은 입식(立式)이 생활화되어 좌식(坐式)은 불편해한다.

좌식 테이블이지만 목욕탕(?) 의자가 구비된 곳으로 갔다. 나름 중국 친구들을 배려했지만 신발을 벗고 들어가야 하는 번거로움은 그대로였다.

신발을 벗고 들어갈 때 눈에 바로 뜨인 것은 구멍 난 양말이었다. 한 친구는 엄지발가락 쪽, 다른 친구는 뒤꿈치 쪽, 남자들에게는 다반사(茶飯事)지만 조금은 멋쩍었는지, "6위안(우리 돈 1천 원 정도) 주고 열 켤레를 샀는데 이렇다"라며 너무나 당연한 듯 태연하게 얘기했다. 그 말 속에 아무런 불만이 없음을 감지할 수 있었다.

어느 주말 아침, 지인 몇몇과 조깅을 했을 때다. 30~40분 정도 지낮을까, 한 중국인 친구의 운동화 밑창이 떨어져서 멈춰 섰다. 잘 알려진 스포츠 브랜드였고 그리 오래된 것 같아 보이지도 않아서 조금 의아해했다. "짝퉁이에요." 이럴 줄 이미 알고 있었다는 듯 당연하다는 느낌의 반응이었다. 아무런 불평이 없었다.

중국 사람들은 짝퉁을 당당하게 얘기하고 심지어 사랑하기까지 한다. 정부가 단속을 안 하는 것 같기도, 못 하는 것 같기도 하다. 이를 두고 중국 산동대학 김기동 교수는 《중국사람 이야기》에서 "중국에서는 절대 짝퉁이 없어지지 않을 것이다. 왜냐하면 우선 중국은 유럽 50개국이 사는 땅의 3배, 인구도 3배 규모이기 때문에 행정력이 미치지 못하고 짝퉁 산업 규모가 크기 때문에 중국 정부에서도 산업군으로서 인정하는 분위기다. 그리고 무엇보다 누가 만들었느냐보다 기능이나 자기만족을 우선시하는 중국인의 특성 때문이다"라고 진단했다.

생활하다 보면 중국 사람들이 짝퉁임을 떳떳하게 얘기하는 경우를 자주 겪는다. 못 보던 신발이나 옷을 입고 출근할 때 관심을 보이면 바로 짝퉁이라고 얘기하곤 한다.

중국인의 이런 '짝퉁 사랑'을 체면, 허세, 허풍 기질과 연결 짓기도 한다.

"북녘 바다에 물고기가 있다. 그 이름은 곤(鯤), 곤이 얼마나
큰지는 아무도 모른다. 들리는 말로는 몇 천리는 된다고 한

다. 이 물고기가 변해서 새가 되면 붕(鵬), 붕 또한 넓이가 몇 천 리나 된다. 이 붕이 힘차게 날아오르면 날개로 하늘을 덮는데, 마치 구름과 같다."

《장자》의 소요유(逍遙遊) 1편 '곤과 붕'의 첫 대목이다. 이 이야기는 커다란 물고기가 새가 되어 수만 리를 마음대로 날아다니는 거칠 것 없는 자유를 이야기하고 있는데 그 표현에 있어 허풍, 허세가 두드러진 것은 분명해 보인다.

허풍과 허세는 중국인이 대체로 자기들은 당이나 정부의 고위간부와 인맥이 있거나 친인척이라고 이야기하는 데에서도 드러난다.

물론 한국에도 허풍 센 사람도 많고 짝퉁, 모방 제품이 적지 않지만 한국인의 행동방식에는 차이점이 있다. 한국 사람들은 대체로 숨기려 한다. 그리고 짝퉁을 알아볼 수 있는 모임에는 절대 가져가거나 입고 가지 않는다. 또한 짝퉁이되 품질은 오리지널만큼 좋아야 한다고 생각한다. 짝퉁이긴 하지만 돈이 적게 들었다는 만족감보다는 짝퉁임이 들통나는 망신살을 피하고 싶다는 '피해(손실) 회피 편향'이 더 강하게 작동한다. 남의 시선에서 절대 자유롭지 못한 것이다.

매장에 진열된 담배를 보면 상품을 대하는 또 다른 중국 문화를 엿볼 수 있다. 한 갑에 천 원부터 7만 원까지 가격대가 다채롭다. 담

뱃값이 비싸서 못 살겠다는 불만을 원천봉쇄하기 위함이라는 우스 갯소리도 있다. 담배를 피우지 않지만 궁금해서 점원에게 물어본 적이 있다.

싼 담배와 비싼 담배의 차이점은?
1. 비싼 담배는 돈 많은 사람이나 공안이 폼으로 피운다.
2. 비싼 담배도 몸에 해롭지만 싼 담배는 더 해로울 것이다.

너무나 심플하고 명료했다.

내가 살았던 동네 과일가게에서는 다양한 사과를 팔았다. 개당 5백 원에서 5천 원까지의 10종 정도 사과가 수북이 쌓여 있곤 했다. 차이는, 싼 것은 당도가 낮고 맛이 떨어진다는 것이었다. 그럼에도 사람들은 각기 다른 이유로, 각자 다른 사과를, 같은 비닐봉투에 담아 사간다. 적어도 표정에는 아무런 불만이 없다. 파는 사람, 사는 사람, 만드는 사람, 심지어 진열된 상품까지도 모두 당당하다.

타오바오(淘宝)에는 없는 것이 없다. 제품 소개 영상을 찍기 위해 벌레가 필요한 적이 있었다. 회사가 개발한 천연식물성 항염 성분 효과를 직관적으로 어필하기 위해 주변에 벌레나 파리가 접근하지 못한다는 것을 보여주기 위함이었다. 겨울이었기 때문에 벌레 수집이 어려워 고민하고 있었는데 연구원 한 분이 타오바오에 가면 살

수 있을 것이라 했다. '설마 벌레까지 팔까?'라는 의구심은 기우였다. 그곳에서는 다양한 파리가 아주 저렴한 몸값으로 주인을 기다리고 있었고 옆에는 1만 위안(약 190만 원) 하는 금빛 사슴벌레도 있었다.

'어정쩡함 : 분명하지 않고 모호하고 어중간하다.'

중국 내 위치한 한국 화장품의 위치다. 한국 제품들이 승승장구할 때는 소위 가성비가 가장 큰 장점이었다. 랑콤, 에스티로더는 비싸고 중국 제품은 싸지만 믿지 못해서 택한 선택지였다. 하지만 한국 제품들이 차지하고 있던 '가성비' 자리는 이제 중국 로컬 브랜드가 차지하고 있다.

프리미엄화를 위한 시간과 비용부담 그리고 가격경쟁력 확보를 위한 고민이 깊어지면서 어정쩡함은 고착화돼가고 있다.

보통 중국 기업, 사람들은 신중한 편이지만 과감할 때도 많다. 남의 시선이나 복잡한 계산보다 이익이 있다고 확신하면 전광석화(電光石火)와 같이 추진한다. 이때는 만만디(慢慢的)가 아니라 '빨리빨리', 'Chop-chop'이다.

'극(極)초저가 공동구매'를 표방하는 '핀뒤뒤(拼多多)'에는 상상을 초월하는 가격대 제품들이 수만 가지 올라와 있고 수십, 수백만 개씩 팔리고 있다.

1개에 4~5백 원 하는 립스틱, 1세트에 5천 원하는 스킨로션 등등. 이런 제품들에서 우리가 의심해야 할 심각한 품질 문제나 피부 클레임은 아직 접하지 못했다. 오히려 핀뚸뚸의 성장은 거침없다.

2015년 설립되어 3년 뒤 미국 나스닥에 상장되었고 2021년 기준 매출액이 45조 원을 넘어섰다. 연간 활성 사용자 수만 7억8천 명이 넘는다. 같은 콘셉트로 미국시장을 겨냥해서 만든 플랫폼 '테무(Temu)'도 급성장하고 있다.

싸게 팔라는 얘기는 단연코 아니다. 다만 현재의 상태가 지속되면 한국 화장품에 대한 중국 사람들의 인식이 더 어정쩡해져서 의심하고 피하게 될 것이 명약관화(明若觀火), 걱정과 고민이 될 뿐이다.

'어정쩡하다'에는 '의심스러워 꺼림하다, 피하다'는 의미도 있다.

06

순응적인 DNA

"그토록 아파하고도 마음이 서성이는 건 슬픔도 지나고 나면
봄볕 꽃망울 같은 추억이 되기에…"

이문세의 노래 '슬픔도 지나고 나면'에 나오는 가사이다.

그랬다. 2022년 3월 말부터 두 달간의 상하이 봉쇄, 지금은 아무
나 겪어 보지 못할 추억으로 남아있지만 그 당시 생활은 힘든 시간
이었다.

구비해 둔 일주일 치 음식이 떨어져서 정부 구호품에 의존해야만
했다. 한 달 정도 지난 뒤, 단지 내 생필품 공동구매는 터치 속도가
빠른 사람만이 쟁취할 수 있었다. 하루 두 차례 PCR검사를 위해 문
밖에 나갈 수 있었지만 바로 들어와야 했다. 말 그대로 자택 감금이
었다.

정부 구호품

한국에서는 가당치 않았을, 온건히 지켜지지도 않았을 조치다. 그런데 당시 중국인의 태도는 정말 놀라울 정도로 순응적이었다. 방역 요원에게 항의하고 꽹과리를 치며 답답함을 호소했던 사람도 있었지만 소수에 불과했다. 오히려 보급품에 감사하고 바이러스로부터 지켜주어 고맙다며 정부와 공산당을 찬양했다.

중국방송이나 거리 곳곳에서는 '애당애국애인민(愛黨愛國愛人民)'이라는 글귀를 쉽게 볼 수 있다. '공산당을 사랑하고 국가를 사랑하고 인민을 사랑하자'라는 의미인데, 순서상 공산당이 맨 먼저고 인민은 마지막이다. '공산당이 존재해야 인민이 존재한다'라는 것을 중국 사람들은 매일매일 학습하고 있는 것이다.

아무런 예고 없이 기업 관련 정책이 바뀌는 경우가 중국에서는 드물지 않다. 시민단체는 물론 업종별 협회도 없다. 있어도, 그저 정부 지침을 전달하는 역할에 지나지 않는다. 기업은 목소리를 제대로 낼 수도 없고 이의를 제기하지도 않는다. 마윈의 '전당포 발언'이 초래한 후폭풍을 보면 이유를 짐작할 수 있다.

그래서인지 중국 사람들은 장사나 사업을 할 때 100% 검증되지 않으면 상황을 보면서 속도를 조절하는 경우가 많다. 이것은 만만디(漫漫的)의 또 다른 이유이기도 하다.

2019년 11월 상하이 국제수입박람회 때의 일이다.

시진핑 주석의 박람회 참석이 예정되면서 거의 한 달 동안 모든 곳에서 검문검색이 일상화되었고 박람회 일주일 전부터는 아예 휴업, 휴교를 비롯해 휴가, 출근시간 조정, 출근길 우회 등의 조치가 실시되었다. 아무런 불만이 없는지에 대한 답은 "정부와 공산당이 하는 일이니 따라야 한다"였다.

'대중문화'는, 현재를 살아가는 사람들의 일상적 삶, 보편적 가치관과 정서가 녹아 있는 소비와 오락의 문화다. 그래서 현지 TV 드라마를 눈여겨보면 그 나라 사람들의 전반적인 생각과 정서를 엿볼 수 있다.

한 인터넷 블로그에서 한국, 일본, 중국 드라마의 차이점을 재치 있게 비교한 내용을 읽은 적이 있다. 한국은 해피엔딩으로 끝나는 로맨스, 일본은 10부작 내외의 교훈, 중국은 드라마 랑야방(琅琊

榜)', '장야(將夜)'를 예로 들면서 당차고 성격 밝은 여주인공이 등장하는 복수극!

생각해보면 중국에는 복수(復讐)나 보복이 하나의 철학이나 문화로 자리 잡고 있다고 할 수 있을 만큼 이와 관련한 사자성어와 일상 언어가 매우 많다.

몇 가지 예를 들자면 '와신상담(臥薪嘗膽)', '절치부심(切齒腐心)', '굴묘편시(掘墓鞭尸)', '이독제독(以毒制毒)', '이아환아(以牙還牙)', '군자보구 십년불만(君子報仇 十年不晚)' 등이 있다. 권력이나 체제에 순응할 수밖에 없어 복수하기 쉽지 않은 현실에서 드라마를 통해서라도 대리만족을 얻기 위함인 것 같다는 중국 친구들의 귀띔이 있었다.

'순응적'이라고 할 때 '감각의 순응(順應)'과 '역치(閾値)'라는 개념을 알 필요가 있다. '감각의 순응'이란 '어떤 자극에 지속적으로 노출될 경우 그 자극에 익숙해지면서 사람이 체감하는 자극의 크기가 일정 수준으로 감소하여 그 수준으로 유지되는 현상'을, '역치(閾値)'란 '생물이 외부 환경 변화에 반응하게 되는, 자극의 최소한도 세기'를 말한다. 역치가 낮으면 작은 자극에도 반응하지만, 높으면 작은 자극으로는 반응이 일어나지 않는다. 일반적으로 역치는 높아지는 경향이 있는데, 우리가 운동을 할 때 운동 강도를 점점 세게 해주어야 근육 반응이 나타나는 것과 같은 이치다.

중국은 오랜 역사, 넓은 영토, 많은 사람 속에서의 무수한 일들 때문인지 웬만한 자극에는 반응하지 않는 편이다. TV뉴스에서 사건, 사고 소식은 한국보다 오히려 적다.

3월 15일은 중국 '소비자의 날'이다.

이날 중국 국영방송 CCTV에서는 소비자를 기만하는 기업 행태를 집중 보도하는 3.15 완후이(晚会)를 방영한다. 이 방송에서 다뤄지는 범위는 화장품을 비롯해 스마트 워치, 스쿠터, 우유 같은 일상용품에서 인플루언서처럼 개인에 이르기까지 다양한데 여기에 나이키, 맥도날드, 무인양품 등과 같은 글로벌 브랜드도 예외는 아니다. 이날 방송을 타게 되면 신뢰도에 치명타를 입는 것은 물론 해당 제품은 거의 판매되기 힘들다. 완후이의 배후에 정치적 고려가 어느 정도 작용하고 있음을 부정하긴 어렵지만 일단 완후이의 표면적인 목적은 소비자에게 알 권리를 부여하고 기업의 잘못된 행위를 예방하는 것이다. 한국에 비해 중국 소비자는 소비 관련한 학습이 부족할 뿐 아니라 제품 정보에 대한 접근성도 떨어지는 편이다. 저선(底線) 도시는 더욱 그렇다. 정보의 비대칭 상태에서 소비자는 순응적일 수밖에 없다. 정부가 완후이 방송을 세게 하는 데에는 그런 효과를 노리고자 하는 의도가 숨어있기도 하다.

세계 뷰티 1위 기업인 로레알은 중국에서도 눈부신 성과를 거두고 있다. 1997년 중국에 진출한 로레알은 최근 10년간 경이로운 매출성장을 이루었다. 10년간 거둬들인 영업이익만 한화로 월 800억 원이 넘는다. 로레알의 성공요인은 철저한 현지화와 전방위 공략에 있다. 많은 글로벌 브랜드가 홍콩에 중국 본부를 개설할 때 로레알은 상하이에 본부를 두고 본토 공략에 나섰다. 연구센터는 물론이고 2022년에는 투자회사를 설립했다. 2023년 4월에는 중국 현지 맞춤 화장품 생산 허가 자격을 상하이 시정부로부터 취득했다. 2012년 온라인 매장 개설과 함께 젊은 소비자와의 소통을 적극적으로 추진했으며 희차(heytea)와 같은 중국의 이업종 브랜드와 과감한 협업도 수시로 하고 있다. 또한 로레알은 다양한 중국 소비자를 공략하기 위해 고가에서 중저가까지 18개 브랜드를 1, 2선 도시뿐 아니라 3, 4선 도시까지 전방위적으로 확산하는 전략을 취했다.

로레알은 이제 '오랜 친구'라는 의미인 라오펑요(老朋友)로 평가받는다. 오랜 친구에게 순응하는 것은 지극히 당연하다. 로레알이 중국에서 성장하는 데에는 그런 이유도 있다.

소비자와 시장을 우리의 제품과 브랜드에 순응시키려면 오랜 숙성의 시간과 꾸준함이 절대적으로 요구된다. 로레알이 우리에게 주는 교훈의 울림은 참 크고 명징(明澄)하다.

07

차별, 차등과 체면의 2차 방정식

1월 초부터 춘절(우리의 경우 설) 전까지의 기간은 중국에서 연말에 해당하여 이때 기업들은 송년 행사를 한다. 화장품 회사의 이런 송년 모임에 여러 번 간 적이 있다. 행사 프로그램은 전년도 성과와 신년도 정책발표, 우수 대리점과 협력 업체 시상 및 사례발표, 축하 공연 등으로 구성되며 술을 곁들인 만찬의 형태다. 실적 우수자와 외부 손님을 무대 가까운 자리에 배치한다. 여기까지는 한국과 별반 다르지 않다. 차이는 테이블 음식에 있다. 언뜻 같은 듯 보이나, 자세히 보면 앞쪽과 뒤쪽 음식은 미묘하게 다르고 테이블에 올려진 술은 노골적으로 다르다. 예컨대 앞쪽 테이블이 몽지란 나인(9)이면, 뒤쪽은 몽지란 쓰리(3) 같은 식인데, 바이주(白酒)인 몽지란은 3번이 가장 저렴하고 9번이 가장 고급이다. 이래도 괜찮은지 물어보면 '이 정도는 문제가 아니다(没问题)'라고 한다.

흔히 중국인은 체면을 중시하고 자존심이 세서 차별 당하는 것을 참지 못한다고 한다.

중국인을 비하한 듯한 모(某) 글로벌 브랜드의 광고사진 한 장에 거세게 항의하는 것을 보면, 일견 맞는 말이다. 하지만 이런 식의 거센 반응은 보통 소속 집단(예컨대 국가, 민족, 단체 등)이 차별을 당했다고 느낄 때 집단적으로 나타나고 자기 자신과 관련해서는 오히려 아무 불만 없이 받아들이는 편이다.

KPI 평가를 통해 급여인상이나 성과급을 결정하는 중국 기업의 경우 미국식이라 할 만큼 등급별 편차가 크다. 해서 중국의 대졸 초임 평균은 대략 한국의 40~50% 수준이지만, 3~4년 지나면 KPI 평가에 따라 한국보다 높은 경우가 적지 않고 입사동기 사이에서도 연봉이 2배 이상 차이 날 때도 많다.

토요일 아침, 인근의 부동산 사무실 앞에서 20~30명의 직원들이 모여 조회하는 모습을 보곤 했다. 사무실 앞은 사람들이 지나가는 거리이기도 했다. 관리자가 먼저 얘기하고 나면 몇몇 사람이 나와서 미안해하듯이 얘기하고 뒷자리로 돌아갔다. 마침 아는 부동산 직원이 있어서 물어보았다. 매주 실적 평가를 하는데 실적이 좋은 사람은 상금을 받지만 부진한 사람은 반성과 각오를 말하는 것이라 했다. 사람들이 다 보는 길거리에서 저렇게 해야 하는 이유가 있는지 물어보려다 말았다.

중국 사람들은 각자의 차이를 인정하고 거기에 따른 차별, 차등 대우에 익숙한 편이다. 단, 조건이 있다. 체면을 손상시키지 말아야 한다. 실적에 따라 앉는 자리와 먹는 음식이 다르고, 급여 차이가 크고, 거리에서 반성하는 이런 일들은 특정 기준에 따라 그룹으로 구분된 것이라서 개인의 체면과는 관계가 없다고 생각한다. 어찌 보면 상황에 따라 개인 정체성을 관찰자와 행위자로 조정함으로써 나의 행위를 정당화하는 '정신적 합리화'에 능숙하다 할 수 있다. 루쉰의 소설《아Q정전》에서 주인공 '아Q'의 '정신 승리법'이 연상되기도 한다.

2022년 초부터 SNS를 통해 퍼지기 시작한 '중국의 9개 계급(九大阶层)'이 화제가 된 적이 있다. 모두가 평등해야 한다는 사회주의 국가 중국이 계급사회로 고착화되어 가고 있다는 주장이었다. 이에 따르면 최상위 계급은 당정 최고위관리와 가족들, 두 번째는 성급 간부나 큰 자산가, 은행장 등, 세 번째는 국장급, 명문대 총장, 대기업 오너 등으로서 상급 계층인데 보통 사람들이 올라가기엔 매우 어려운 계급이라 한다. 네 번째에서 여섯 번째까지는 의사, 변호사 등 전문직, 중소기업 오너, 공무원이나 대기업 직원, 교사 등인데, 일반인이 노력하면 그나마 다섯 번째 계급까지는 올라갈 수 있다 한다. 일곱 번째부터 아홉 번째는 일반 직장인, 공장 노동자, 농민 등으로서 이들은 하층 계급이다. 내용은 씁쓸하지만 당시 많은 이들이 공감했던 것으로 기억한다.

중국도 '금수저'를 지칭하는 말들이 있다. 혁명 원로 자손은 '홍얼다이(紅二代)', 부유층 자제는 '푸얼다이(富二代)', 연예계 스타 2세는 '싱얼다이(星二代)' 등. 이들의 '갑질', '돈질', '범법행위'로 언론의 질타를 받는 것 또한 적지 않다.

누구나 마음속에 저 높이 올라가고 싶은 신분상승의 욕망이 있기 마련이다. 하지만 신분이 고착화된 계급사회라면 '꿈'조차 꾸기 쉽지 않다. 그래서일까? 중국 사람들 중에는 '어차피 저 세상과 내 세상은 다르다'라고 생각하는 이들이 많다고 한다. 차등, 차별에 익숙하다는 개운치 않은 방증이기도 하다.

여러 이유로 차등이나 차별에는 익숙한데 그렇다고 체면까지 버리는 것은 아니다. 오히려 매우 중요시한다. 한국 사람도 체면을 중요하게 여기지만 거기에는 차이가 있다. 한국 사람에게 체면이란 '남을 대하기에 떳떳한 도리나 얼굴'로서 정신적, 사회적 측면이 강하게 느껴진다. 한편 중국에서 체면(面子)의 사전적 정의는 '신체와 얼굴, 외면이 보기 좋다'다. 한마디로, '외부적으로 보이는 자신의 모습만이 중요한 것'이다.

예를 들어 사람을 초대하면서 음식을 차고 넘치게 준비하거나 사람들이 있는 곳에서 자신의 잘못을 들추어 내면 설사 그것이 사실이라 해도 절대 잘못을 인정하지 않는 태도 등은 모두 체면 때문이다. 심지어 '死要面子活受罪(죽어서도 체면을 차리기 위해 살아서 고생한다)'라는 표현이 있을 정도다. 중국인에게 체면이 얼마나 중요한지는, 체면을 잃어 목숨을 끊는 경우가 왕왕 있다는 사실을 통해서도 짐작해볼 수 있다.

중국에서는 높은 지위에 있는 사람이나 자신에게 도움이 될 만한 사람을 만나면 꼭 사진을 찍자고 한다. 찍은 사진은 자신의 SNS 계정에 올린다. 이런 사람과 친하다, 이 정도 인맥이 있다고 알림으로써 무언의 이익을 얻기 위함이다. 어찌 보면 중국적 체면의 배후에는 이익 추구의 목적이 존재한다고도 볼 수 있다. 따라서 중국에서는 사람의 체면을 깎는 행위는 절대 해서는 안 된다. 이익은 목숨과 맞바꿀 수 있는, 때로 그보다 더 중요하게 생각하는 것이기 때문이다.

차별, 차등과 체면의 2차 방정식을 잘 풀어내면 중국인을 다루는 우리의 방식이 조금 더 능숙해지지 않을까 싶다.

08

정치에 무관심한 사람들의
정치적 행동 습성 5가지

가끔 한국 사람들과 중국 생활을 얘기하다 보면 빠지지 않는 메뉴가 '중국 사람들 참 정치적이다'라는 것이다. 정말 그럴까?

중국의 대표적 사상가 중 한 명인 왕후이(汪暉)는 그의 저서 《단기 20세기》에서 오늘날 중국의 정치사회 체계를 만들어 낸 핵심적 유산을 '능동적 정치성'이라고 규정했다.

"중국은 다민족 제국의 기반 위에서 단일 주권 공화국을 만들었고, 국가와 사상을 부정하는 문화운동으로 새로운 정치를 정의했으며, 유럽의 정당, 국가와 구분되는 정치 체제를 창조했다. 이것은 현실 내부에서 도출된 것이 아니라, 세기를 직면하고 그 객관적 조건을 뛰어넘고자 하는 정치적, 창조적 에너지의 결과물"이라는 것이다. 그러나 이러한 핵심적 유산인 '능동적 정치성'은 공산당과 정부가 한 몸이 되고 '시장 사회 모델' 건설에만 몰두함으로써 점차 상실하게 되었다고 지적했다.

실제 중국 국민들은 정치에 관심이 없고, 없을 수밖에 없는 사회 구조 속에서 살고 있다. 공산당 1당 체제 아래에서 다양한 정치, 사회적 관심과 주제를 다룰 공론의 장(場)이 존재하지 않기 때문이다.

'그 사람 참 정치적이네'라는 뉘앙스의 말이 중국에도 있는지 물어본 적이 있다. '무언가 자신에게 유리하게 되도록 의도적으로 말과 행동을 하는 것'이라 했으니 한국과 거의 같다.

이를 염두에 두고 살펴보면, 중국인은 정치 감각이 아주 뛰어나고 이 방면에 재능이 넘친다는 느낌을 받게 된다.

어느 식품회사 주재원으로부터 들은 이야기는 이런 취지였다.

A는 회사에서 잘나가는 8년 차 중국인 연구원이다. 실력은 고만고만한데 그가 회사에서 잘나가는 이유는 정치감각 때문이다. 그의 촉수는 권력자(?)에게만 열려있다. 힘 있는 사람의 관심사를 미리 조사해서 '마하의 속도'로 처리하고 그가 좋아할 만한 글귀만 따로 정리해서 회의 때 낭독하기도 한다. 거의 맹종 수준이다. A는 자신과 경쟁이 될 만한 직원들을 이런저런 이유로 쳐낸다. 명분을 만들기 위해 자신과 이익을 공유하는 사내 세력들을 대거 동원하기도 한다. 그런 A는 사내 다면평가에서 그런 잘못된 행태가 우연히 알려지기 시작하면서 내리막길을 걷기 시작했다. 그와 함께했던 연대 세력들은 이제 그를 멀리하고 다른 A를 찾아 합종연횡 중이다. 드

라마 '미생'에서 봄직한 직장 내 정치문제는 사실 한국에서도 흔하다. 그러나 중국에서는 그런 일이 당연하다는 듯 공공연하게 벌어지고 있는 것처럼 보인다. 적어도 내 눈에는. 이것이 정치에 무관심한 중국 사람들이 보이는 정치적 행동 습성의 첫 번째이다.

중국 규칙에는 크게 두 종류가 있다. 원래 규칙의 의미인 '위안구이쩌(元規則)'와 수면 아래 규칙인 '첸구이쩌(潛規則)'. 그중 첸구이쩌는 '공식적으로는 안 되는 것이 누구를 통하니 되더라'는 이야기가 생겨나게 만드는 원인인데, 기업계·언론계·학계·의료계 등 중국인이 있는 곳이라면 어디든 존재한다. 짐작하듯 첸구이쩌는 시(关系)와 돈의 흐름 속에서 유지되고 진화하는 성격을 가지고 있다.

다음은 중국에서 건강식품 사업을 하는 대표님으로부터 들은 이야기다.

식품원료를 수입해 오는 과정에서 공급업체 실수로 잘못 기재된 원료명이 상하이의 관련 부처에게 적발되었고, 그 때문에 10억 원의 벌금이 부과되었다. 기재 실수는 인정하는데 오기재 사항이 법이 금하는 유해 성분도 아니었고 또 관계 법령상으로도 그 정도 벌금은 부당했다. 그때는 설립된 지 얼마 안 된 상태라 이런 일은 곧 파산과 같은 것이다. 해결을 위해 백방으로 뛰어다니던 어느 날, 평소 오랫동안 친분을 유지해 온 동생과 식사하는 도중에 이 얘기를 했더니 그가 바로 그 자리에서 어디엔가 전화를 했다. 그런데 그로부터 며칠 후 해당 부처가 '이번에는 경고 조치만 내릴 테니 다음부터 이런 일 없도록 하라'라고 통보했다. 벌금 10억 원이 고작 전화 한 통화로 취소되었다. 그 동생이 통화했던 사람은 상하이 시(市)정부 고위 간부 출신인 그의 장인이었고 이분이 해당 부처 책임자에게 부탁했던 것이다. 우리의 '전관예우'에 해당하는 첸구이쩌였다.

첸구이쩌는 원칙과 반칙 사이에 있는 변칙쯤 되는 것 같다. 첸구이쩌는 개인적 꽌시를 통해 이루어지는 경우가 많다. 이렇듯 중국인 사회에서 인간관계가 더 앞서는 모습과 관련해, "중국은 전통적으로 조직에 충성하지 않고 (힘 있는) 개인에게 충성한다"는 말을 들은 기억이 떠오른다. 정치에 무관심한 사람들의 두 번째 정치적 행동 습성이다.

한편 어느 나라에서건 일을 하다 보면 문제가 생기기 마련이고 그것을 내외 비선(秘線)을 통해 해결하는 경우가 있다. 특히 중국에서는 그러한 사안이 잦다. 앞에서 얘기한 첸구이쩌와 꽌시의 힘이 강하게 작동하기 때문이다. 그런데 일이 원하는 방향으로 해결되었다 해도 그 과정이 깔끔하고 투명하게 공개되는 경우는 드물다. 결과는 무난하고 과정은 난해하다. 그 이유는 정보공유에 인색한 습성에 있다. 전반적으로 중국 사람들은 상대방이 나에게 큰 도움이 안 되거나 평소 꽌시가 없으면 절대 깊은 정보를 주지 않는다. 정보를 힘으로, 즉 이익 실현의 중요 요소라고 생각하기 때문이다.

외국인뿐만 아니라 중국인 사이에도 상대가 필요로 하는 양질의 정보를 바로 주는 경우가 드물다. 정치에 무관심한 사람들의 세 번째 행동 습성이 이것이다.

또 하나의 흥미로운 정치적 습성은, 중국 사람들은 복잡한 문제와 마주하거나 처세 관련한 도움이 필요할 때 역사에서 답을 찾곤 한다는 것이다. 중국인의 역사 지식 수준은 높은 편이다. 중, 고등학교 교육과정을 봐도 알 수 있다. 중학교에서는 중국사와 세계사를 배우는 한편, 고등학교에서는 필수 과목으로 중국 근·현대사, 선택과목으로 중국 고대사와 세계사를 배운다. 그리고 대입에서도 역사를 필수 선택과목으로 선정하는 성(省)이 많다. 이런 요인들로 인해, 어릴 때부터 역사에 대한 지식과 탐구 습관이 생긴 것 같다.

입신양명을 꿈꾸는 중국인들이 찾는 필독서는 《귀곡자(鬼谷子)》라는 책이다. 저자인 귀곡자는 기원전 5~4세기경, 중국 전국시대에 실존했던 인물로서 동양의 마키아벨리라고 불린다. 합종책과 연횡책으로 유명한 소진과 장의가 그의 문하생이다. 서점에 가 보면 역사 분야 서적이 다른 장르보다 많이 진열되어 있는데 그중 《귀곡자(鬼谷子)》에 관한 책들은 수십 종이나 된다.

《귀곡자》는 포부와 야망을 펼치는 방법에 대한 처세서이자 자기 계발서다. 중국에 가기 전 읽었던 《귀곡자》(박찬철·공원국 공저)의 10가지 단계 중 본 장의 주제와 관련된 두 가지만 정리해본다.

- **저희(抵巇)** : 틈이 커지면 막기가 어려우니 미리 막아야 큰 힘을 줄일 수 있다. 상황에 몰려 선택하면 일을 주도하지 못하고 행동의 기준을 정하지 못한다. 막아서 숨겨놓은 것을 드러내서 없애려는 것이 상책이다.
- **췌마(揣摩)** : 상대가 처한 객관적인 정황과 그의 의지를 파악하는 테크닉이 췌와 마이다. 장작 묶음에 불을 지피면 잘 마른 곳부터 타고, 땅에 물을 부으면 낮은 곳부터 고이는 것처럼 사물은 서로 어울리는 부류가 있어서 비슷한 세력끼리 호응한다. 정보가 중요하고 정보가 앞서야 상대를 앞선다.

 '췌마'의 중요성은 현지생활에서 나조차 섬뜩할 정도로 많이 느꼈던 부분이다. 《귀곡자》의 내용을 외국인도 그 정도로 체감한다면 중국인들이 처세술에 대한 답을 역사 내지 고사(古事)에서 찾는 이유를 알 수 있다. 이것이 정치에 무관심한 사람들의 네 번째 행동 습성이다.

 마지막으로 언급하고 싶은 중국인의 정치적 습성은 '가스라이팅(Gaslighting)'과도 깊은 관련이 있다. '가스라이팅'은 타인에 대한 심리적 지배를 강화하기 위한 행동으로서 비대칭 정보나 권력에서 많이 발생한다. 중국 사람들은 이런 가스라이팅에 능(能)하다. 이유는, 본인이 힘 있는 사람을 향해 오감이 열려 있듯이 나 또한 힘 있는 사람으로 인정받고 싶은 '현시욕(顯示欲)'이 있기 때문이다. 중국 사람들은 첫 만남에서부터 자신의 인맥을 자랑한다. 공통적인 것은 공산당과 대형 국영기업 꽌시다.

해외 비즈니스를 할 때 현지인보다 정보가 부족할 수밖에 없다. 정보공유에 인색한 중국에서는 더욱 그러하다. 여러 경로로 정보 진위를 확인하려 해도 그 작업에는 한계가 있다. 한국인은 기질이 급하다 보니, 이런 상황 속에서 크고 작은 손해를 보는 일이 잦을 수밖에 없다. 자신의 꽌시를 수시로 내세우고 정보 독점을 통한 일 상의 가스라이팅이 바로 정치에 무관심한 사람들이 보이는 다섯 번째 정치적 행동 습성이다.

중국 사람들을 직간접으로 많이 겪어 보았다. 우리가 보기에 그들이 어제 다르고 오늘 달라 한결같지 않고 미덥지 않게 느껴지겠지만, 그들은 이렇게 항변할지도 모른다. "우린 늘 그래왔다. 우린 한결같다."

09

상하이에는 다양한 민지(MZ)가 살고 있다

상하이 홍차오(虹桥) 사무실에서 함께 일한 중국 직원이 150여 명쯤 되는데 그중 상하이 출신은 15명이 채 안 된다. 나머지 90%는 외지인(外地人)이라는 얘기다.

중국 통계국의 2022년 발표자료를 보면 호적지를 떠나 타지에 거주하는 인구가 2억6128명, 전체인구의 19.5%를 차지한다. 하지만 상하이나 광저우 같은 대도시의 외지인 비율은 이보다 훨씬 높다.

이주의 가장 큰 이유는 일 때문인데 특히 중장년 농민공들의 탈농촌 현상이 급증하고 있다. (최근 경제 둔화 속 중국 정부가 청년들과 도시 은퇴자에게까지 농촌행을 독려하고 있지만 주거, 의료, 자녀 교육 문제 등으로 반응은 미미하다.)

중국의 도시화율은 2022년 기준 약 65.2%로 한국의 81.9%, 일본의 90%에 못 미친다. 이는 한국 화장품 기업들이 눈여겨봐야 할 기회 요소이다.

고향을 떠나 대도시에 거주하는 20대 친구들의 생활은 대략 이렇다.

일반 직장의 급여는 월 110만 원(6천 위안)인데, 주거비는 상하이 외곽의 원룸 기준 약 55만 원(3천 위안)이라, 기본적으로 급여의 절반이 월세로 나간다. (참고로 상하이 총 인구는 2천400만 명으로 한국의 서울과 수도권을 합친 크기와 비슷한데, 그중 약1천5백만 명은 도심에, 나머지는 시 외곽 지역에 거주한다.)

당장 돈이 있다 해도 상하이에서 집을 사기가 여간 까다로운 게 아니다. 집을 사려면 상하이 후커우(戶口, 호적)가 필요한데, 취득에는 일정 조건이 있다. 우선 상하이에서 최소 2년 이상 근무하면서 일정액 이상을 납세해야 한다. 그러면 호적 취득 자격이 주어진다. 그리고 시 정부의 심사를 통과해야 호적을 부여 받는다. 호적이 있어야 의료보험이나 연금 등 사회보장 혜택도 가능하다. 상하이의 평당(3.3㎡) 주택가격도 2023년 기준 20만7천 위안(약 3800만 원)으로 근로자 평균 소득을 감안하면 매우 높다. 교통수단으로는 주로 지하철을 이용한다. 교통비는 한국보다 저렴하다.

평일 저녁식사는 대개 단품(單品) 배달음식으로 해결한다. 취직했더라도 부모로부터 금전 지원을 받는 경우가 흔하다. 앞 장에서 얘기한 것처럼 본업 외 판매활동을 통해 부가 소득을 올리기도 한다. 외지인이다 보니 학교 친구들은 거의 없고 주로 직장의 친한 동료 몇몇과 어울린다. (중국은 학교 동참 개념이 별로 없다. 워낙 지역이 넓다 보니 모두 고향을 떠나 여기저기 외지로 떠나갔기 때문에 만날 수도, 찾기도 쉽지 않기도 할 뿐 아니라, 동창을 동반자가 아닌 경쟁자로 인식하는 전통적인 관념이 있기 때문이다.) 주말에 시간을 보내는 방법은 크게 세 가지다. 집에서 온전히 혼자 있거나, 집에서 고양이와 함께 있거나, 밖에서 혼자 다니거나, 아니면 직장 동료와 식사를 하거나 중 하나이다. 쇼핑은 주로 퇴근 후 타오바오나 도우인과 같은 온라인(라이브) 수단을 이용한다. 연, 월차 제도가 아직 보편화되어 있지 않아서 춘절, 국경절, 노동절 연휴를 빼면 시간적으로도 여행 가기가 쉽지 않다.

이들 사이에서 K-팝과 드라마는 매우 인기 있다. '오징어 게임'과 '더 글로리'를 한국 사람보다 더 잘 알고 있을 정도다. '블랙핑크'도 대세다. 멤버 중 제니의 대형 브로마이드 사진은 상하이 대형 쇼핑몰에서 쉽게 볼 수 있고, 소녀시대 태연의 노래도 거리에서 자주 접할 수 있다.

이러한 '외지 출신 대도시 거주 젊은 세대'가 의도치 않게 타겟팅되어 성공을 거둔 기업이 있다. 2020년 11월, 중국 화장품 회사 최초로 미국 나스닥에 상장된 이셴(逸仙)이다. 퍼펙트 다이어리(Perfect Diary) 브랜드로 잘 알려져 있으며 한때 연 매출 1조 원 가까이 될 만큼 성장했다. 이 회사도 다른 브랜드들처럼 코로나19로 어려움을 겪고 있지만 그 이유는 조금 다르다.

이센의 대표님에게 직접 들은 이야기를 정리하면 다음과 같다.

코로나19 이전에는 공격적인 광고, 마케팅을 통해 단기간 내 소비층을 확보함으로써 매출을 급성장시킬 수 있었다. 퍼펙트 다이어리를 모방한 브랜드가 우후죽순 생겨날 정도였다. 코로나19가 발생한 2020년부터 매출이 하락했는데 코로나19 외 다른 요인이 있다는 것을 발견했다. 바로 핵심 타겟의 비자발적 이탈이었다. 퍼펙트 다이어리의 주 소비층이 20대 초반인데 그들 중에는 아르바이트를 하는 대도시 거주 외지인이 많았다. 그런데 코로나19로 매장 아르바이트가 대거 소멸하면서 그 계층의 소비 여력이 감소하게 됐고 이는 곧 매출하락으로 이어졌다.

이후 이센은 브랜드의 핵심 타겟을 명확하게 아는 것이 중요하다는 것을 깨닫고 이에 대한 리빌드 업(Rebuild up)과 함께 프랑스와 영국 브랜드를 인수, 반전을 꾀하고 있다 했다.

낚시를 잘 모르기는 하지만 물고기를 잡는 방법에는 크게 투망과 낚시 두 가지가 있지 않나 싶다.

투망은 낚시에 비해 간단하면서도 한 번에 여러 물고기를 잡을 수 있는 방법이다. 물고기가 있는 곳에 그저 던지기만 하면 된다. 반면 낚시는 준비할 것이 많지만 일반적으로 한 번에 한 마리만 잡을 수 있는 방법이다. 어종마다 습성과 서식환경이 다르기 때문에 물고기에 대해 전반적인 지식을 갖춰야 하고 내가 잡고자 하는 물고기에 관해서는 더욱 깊이 알아야 한다. 몇몇 기업을 제외하고 한국 화장품 기업들은 중국에서 투망식 영업을 해왔다. '1개씩만 팔아도 14억 개' 외에 다른 전략이 아직도 잘 보이지 않는다.

함께 일했던 직원들은 새로운 커피가 나오면 커피 홀릭인 나에게 소개해주거나 마실 수 있는 곳으로 데려가곤 했다.

'매너(Manner) 커피'는 중국의 신생 커피 브랜드다. 2015년, 상하이의 한 평도 안 되는 작은 공간에서 시작해, 지금은 중국 전역에 500개가 넘는 매장을 갖고 있다고 한다. 더 놀라운 것은, 코로나19가 아직 종식되기 전인 2022년에 급성장했다는 기사였다.

인기의 이유는, 깊은 풍미와 저렴한 가격이다. 깊은 맛은 아마도 넉넉한 원두 양(약 25g)과 관계 있어 보인다. 풍부한 맛임에도 가격은 스타벅스의 반값 정도이다. 즉 매너 커피의 주요 전략은 무엇보다 '가성비'다. 맛의 '가성비'뿐만 아니라 매장의 가성비도 눈에 띈다. 지금은 투자를 많이 받아서 매장의 크기가 다양하지만 애초 2~3평 정도의 작은 매장이 대부분이었다. 당연 R.O.I(투자 이익률)도 높다.

상대적으로 많은 원두 용량과 로스팅 방법 등 스토리텔링도 전략적으로 고민하고 커피를 좋아하는 대도시 거주 20~30대 직장 여성을 핵심 타겟으로 했다. '매너 커피'의 위챗 계정을 보면 실제로 20~30대 직장 여성의 에피소드가 많이 올라와 있다.

시장이 성숙하고 경쟁이 고도화될수록 '어디에서 파는지'보다 '무엇을 어떻게 파는지'가 더욱 중요하다. 시장 접근성과 이해도에서 유리한 고지에 있는 중국 로컬 기업을 한국 기업이 상대하기 위해서는 우선 브랜드 정체성을 명확히 해야 한다.

대략 2012년부터 불기 시작한 한국 화장품에 대한 인기는 5~6년간 큰 폭의 매출 성장으로 이어졌다.

이 시기에 한국 제품을 구매한 소비자들은 대체로 70~80년대에 태어나 40~50대인 사람들로서 인기의 바람이 불기 시작하던 10년 전에는 당대의 MZ세대였다. 이들은 1978년 한 자녀 갖기 정책이 시행된 이후 태어난 '소(小)황제 1세대'들이다. 1997년 홍콩 귀환 등에 힘입어 중국은 이때부터 본격적으로 경제성장을 보이게 되는데, 이런 배경 속에서 '소황제 1세대'들은 요우커(遊客)가 되어 글로벌 관광시장의 전면에 등장했고, 여러 나라 중 한국을 가장 많이 방문하기도 했다. 당시 한국을 방문한 요우커 10명 중 7명이 한국산 화장품을 구매했을 정도로 한국 화장품은 인기가 높았는데, 구매 이유로는 한류의 영향이 가장 컸고 그 외에 품질, 안전성, 아시안으로서의 동질성 등이 거론되었다. 이들은 한국 TV드라마를 접하면서 한국 여성의 세련된 용모와 매끄러운 피부를 동경하게 되었고 이런 마음이 화장품으로 이어진 것이다.

　이렇게 그 당시 많은 한국 브랜드가 자신도 모르는 사이 중국에서 인기를 끌었고 그 결과 기업은 상장(上場)과 주가상승으로, 중국을 오가며 판매했던 개인은 많은 수익을 올렸다. 한국 화장품업계 모두에게 좋은 일이었다.

　'물극필반(物極必反)'이라는 중국 고사성어가 있다. '사물의 전개가 극에 달하면 반드시 반전한다'는, 즉 '올라가면 언젠가 내려가니 준비하라'는 말이다. 10년 전 MZ세대인 지금의 40~50대는 현재 한국이 아닌 주로 일본과 유럽제품으로 관심을 돌리고 있으며 자국 브랜드의 프리미엄 제품을 사기도 한다. 하지만 한국 화장품에 대한 애정은 여전하다. 40~50대의 한국 화장품 구매경험율은 58%(코트라 자료)로 전체 연령대 중 가장 높다. 이에 비해 지금의 MZ세대는 현 40~50대가 그 나이 때 그랬던 것과는 달리 자국 브랜드를 선호한다. '물극필반'인 셈이다. 하지만 K-팝과 드라마의 영향으로 한국 화장품은 이들에게도 관심의 대상이다. 현 20대의 한국 화장품 구매경험율도 41%에 이른다.

　2022년 중국의 1인당 국민소득(GNI)은 1만2608달러다. 그러나 이것은 평균값일 뿐이다. 상하이 같은 대도시의 GNI는 2만 달러가 넘지만 소도시의 GNI는 3천 달러에도 못 미친다. 하지만 소득이 낮다고 해서 소비성향이 꼭 낮은 것은 아니다. 엥겔계수는 더 높다.

중국에는 370개가 넘는 도시가 있다. 그들은 인구수로 보면 한국의 도(道)단위에 해당되는 규모이다.

상하이를 하나의 국가로 취급하고 사업을 전개하면 어떨까 생각한 적이 많다. 인구는 남한의 절반인 만큼 크고 소득수준이 전반적으로 높을 뿐 아니라 소비자들의 뷰티와 헬스에 대한 지식도 준수하다. 여기에 물류 환경을 비롯하여 마케팅 환경이 우수한 데다 지리적으로 한국과 가까우며, 한국 문화에 대한 태도가 전반적으로 우호적인 점이 매력이다.

정치 영역과 비즈니스 영역은 다르다. 비즈니스는 비즈니스로 접근하는 것이 맞다. 상하이에는 지금의 민지(MZ)와 예전의 민지(MZ)가 함께 살고 있다. 이들은 이미 한국 화장품을 살 준비가 되어 있는지도 모른다.

2장

중국 화장품 소비자

"우리 피부는 감정과 의견, 의문의 망토에 둘러싸인 멋진 수수께끼이다. 이미지의 영역에 과학적인 사실들이 발견될 때마다 인체에서 가장 간과된 기관이 사실 가장 매혹적인 기관이었음을 깨닫는다.
피부는 생존부터 사회적 소통 기능에 이르기까지 다른 어떤 기관에서도 볼 수 없는 다양한 기능을 갖추고 있어 흡사 스위스 아미 나이프 같다는 인상을 준다."
- 몬티 라이먼, 제효영 옮김,《피부는 인생이다》

인간과 사회·자연의 생태학적 가교 역할을 하는 피부와 이를 더욱 아름답게 만들어 주는 화장품, 그것을 대하는 사람들의 태도와 방식에는 차이가 있다.

01

중국 화장품 소비자는 누구인가

중국 국가통계국이 발표한 2021년 중국 화장품 소매 총액은 전년 대비 18.4% 증가한 4026억 위안(약 76조 원)이다. 2022년은 코로나 19 영향으로 약 2% 증가에 그쳤지만 중국 화장품 시장은 지난 10년 간 평균 7~10% 성장을 이어왔다.

전반적인 소득증가와 외모에 대한 관심이 늘어나면서 화장품 소비가 꾸준히 증가하고 있지만 1인당 구매액은 아직 크지 않다. 2021년 1인당 화장품 구매액이 일본 306달러, 미국 279달러, 한국 270달러인 데 비해 중국은 62달러이다.

소비자 1인당 구매액이 화장품 산업 성숙도의 중요 지표임을 감안할 때 중국의 화장품 시장 잠재력이 매우 크다는 것을 알 수 있다.

① 성(性)

성별로는 여성 비중(약 95%)이 월등히 높다. 하지만 남성용 화장품의 최근 3년간 매출 성장률은 13.5%로 화장품 전체 시장 성장률을 앞선다. 2022년 6.18 행사에서 남성 스킨케어 판매액은 20배 가까이 성장한 120~150억 위안을 달성한 것으로 집계되었다. 남성의 1인당 평균 소비액은 여성의 경우보다 적지만 남성용 화장품 시장 잠재력은 큰 것으로 나타났다.

CBNDATA의 〈2022년 화장품 산업 인사이트〉 조사에서 60% 이상의 남성이 더 많은 품목을 시도해보고 싶어 하는 것으로 나타났다.

최근 1년 내 구매한 화장품 유형은 클렌징과 스킨, 선크림이 가장 많았고 메이크업에서는 베이스와 립의 비중이 가장 높았다. 기초 케어 효능 면에서는 오일 컨트롤과 안티 아크네가 많았다. 2022년 Q3 틱톡의 '남성 스킨케어' 키워드 검색량은 전년동기 대비 285% 상승했다. 여성 유저가 다수를 차지하는 콘텐츠 플랫폼인 샤오홍수(小红书)에서도 남성 스타일링, 스킨케어, 메이크업 등에 관한 블로그가 28만 개를 초과해 지속적인 인기를 보여주고 있다. 남성 메이크업은 파운데이션이나 생얼(톤업)크림 등 베이스류가 많다. 또한 '초보 메이크업', '남성 생얼 메이크업 꿀팁' 등의 영상에 대한 댓글이 많은 것으로 보아 데일리(daily) 실용 메이크업에 대한 관심도 높다는 사실도 확인할 수 있다.

틱톡의 남성 메이크업 영상 통계를 보면 57%가 아이 메이크업 팁에 관한 것이고 베이스 22%, 브로우 14%, 립 7%이다.

② 연령

보스턴 컨설팅 그룹에서 발표한 〈중국 미래 소비자 연구 보고서〉에서는 2022년 10월 기준 중국 총 인구의 62%가 X세대(44~58세), Y세대(29~43세), Z세대(14~28세)이고 이들의 인구수와 총 소득 비중이 가장 많은 것으로 나타났다. X세대에 비해 Z세대와 Y세대 소비자는 투자나 저축보다 소비를 우선시한다. Z세대는 자신만의 아이덴티티와 가성비를 중요하게 생각하는 반면 Y세대는 전문 브랜드와 서비스, 효능과 효율을 중요하게 생각한다. X세대는 자신의 사회적 신분을 남에게 과시하거나 자기 만족감을 높이기 위해 명품이나 프리미엄 제품을 구매하는 성향을 보인다.

화장품만 보았을 때, 화장품의 주요 소비군은 1990년대생과 2000년대생인 19~39세 여성이다.

중국 소비자 조사 기관 iMediaResearch에 따르면 해당 연령층은 40~50대보다 외모에 대한 관심, 화장품 소비 의향이 많고 소비 능력도 높다. 화장품에 대한 전반적인 지식을 갖고 있으며, 인터넷 검색을 통해 성분, 가격 등을 조사하고 전문가와 KOL(왕훙), KOC(마이크로 인플루언서), 지인과 친구 추천을 고려해 구매를 결정한다. 때문에 해외 유명 브랜드를 기계적으로 선호하지 않고 신제품을 과감히 시도하는 성향을 보여준다. 바이럴(Viral, 입소문)이 많은 중국 브랜드에 대해서도 매우 우호적이다.

세대별 '메이크업 컬러 선호도'와 관련하여, 2000년대생 소비자는 데이트나 파티 목적으로 핑크나 오렌지, 블루 등 생기 있고 컬러풀(colorful)한 색상들을 메이크업에 많이 사용한다. 이들은 소셜 미디어를 통해 정보를 취득하며 가격도 많이 고려한다.

1990년대생은 버건디, 퍼플 등 개성을 보여줄 수 있는 컬러를 선호하고 브랜드를 상대적으로 중요하게 생각하는 편이다.

③ 피부 특징

중국 사람의 피부 유형은 중성, 건성, 지성, 복합성, 민감성 피부 등 주로 5가지로 나뉜다. 가장 많은 피부 유형은 복합성으로서 약 49%를 차지한다. 복합성 피부는 이마와 코의 T존 부위에 피지가 많아 모공이 넓고 여드름 등 피부 트러블이 생기기 쉬운 반면 T존 밖은 건조하기 쉬워서 만졌을 때 거칠게 느껴진다. 지성과 건성피부는 각각 18%, 12%를 차지한다. 중성피부는 유분·수분 밸런스가 좋고 외부 자극에 민감하지 않아 피부 트러블이 거의 없는 유형인데 7%에 불과하다. 민감 피부는 14%지만 대도시의 20~30대 여성에게서는 30%에 달한다.

중국 피부학지에 기재된 〈중국 민감성 피부 진단 및 치료 전문가합의〉에 따르면 중국 여성의 민감성 피부 발병률은 36.1%로, 3명 중 1명이 민감성 피부일 수 있다.

민감성 피부 비중은 업무 스트레스, 잦은 밤샘, 불규칙한 식사, 생활환경 악화, 부적절한 화장품 사용 등의 원인으로 인해 꾸준히 증가하고 있다. 샤오홍슈에서 '민감성 피부' 관련 포스팅은 151만 건 이상이나 된다.

중국에서 민감성 피부는 약도, 경도, 중등도, 중증 민감도의 4가지 유형으로 나뉜다. 민감성 피부의 70% 이상이 경미한 민감성으로서 가려움증, 따끔거림, 홍조가 주요 증상이다.

중등도 및 중증 민감성 피부의 경우 1~2선 도시에서 생활하는 여성에게서 많고 탈피, 홍조 등의 문제를 갖고 있는 것으로 나타났다. 업무 스트레스나 잦은 야근이 주요 원인이다.

중국 피부과의사협회는 베이징, 상하이, 광저우 지역의 여성 31%, 남성 23%가 민감성 피부에 속하는 것으로 발표했다. 또한 중국 베이징 제1병원 피부과 자오쭤타오(赵作涛) 교수는 18~25세 남녀 대학생의 36%가 민감하다고 했다. 이렇듯 중국 내 민감성 피부 비중은 확연하게 늘고 있으며 그 결과 관련 화장품 소비 또한 증가하고 있다.

한편 다른 나라와 마찬가지로 중국 여성의 피부 문제도 연령대에 따라 차이가 있는 것으로 나타났다.

연령대별 중국 여성 피부 고민

	연령≤18	18 < 연령≤25	25 < 연령≤30	30 < 연령≤40	40 < 연령≤50
색소 침착	—	2.8	17.1	21.4	36.2	47.8
피부 처짐	—	5.6	7.2	12.7	27.2	39.1
피부 민감	—	13.9	26.0	22.9	27.2	21.7
다크서클	—	55.6	56.8	58.2	39.0	26.1
여드름	—	75.0	65.7	54.5	39.9	34.8
모공	—	80.6	69.7	67.2	65.3	39.1
눈가 주름	—	16.7	21.4	28.2	40.8	34.8
수분 부족	—	36.1	40.3	36.8	37.6	39.1
피부 톤 어두워짐	—	55.6	57.2	54.5	58.2	73.9
기타	—	8.8	7.5	6.8	6.6	4.3

단위: %

출처: 由网易数读,浪潮工作室联合调研

넓은 모공, 여드름, 칙칙한 피부 톤은 중국 여성에게 가장 흔한 피부 트러블이다. 일반적으로 사춘기 여성에게서는 안드로겐, 특히 테스토스테론 수치가 증가하고 피지 분비가 왕성해서 염증과 여드름 등 피부 트러블이 빈번하게 발생한다. 아직 미용 지식이 부족하고 피부관리에 대한 습관화가 안 된 중국의 저선(底線)도시 10대 ~20대 초반 여성에게 이러한 피부 트러블이 특히 심한 편이며, 하나의 질병으로까지 인식되고 있다.

20대 후반 여성들은 모공과 다크서클이 가장 큰 고민이라고 밝혔다.

30대 이후 여성에게는 피부 신진대사가 느려지면서 피부 톤이 칙칙해지는 문제가 두드러진다. 또한 피부 속 지지대 역할을 하는 콜라겐과 엘라스틴이 줄어들어 피부가 탄력을 잃고 잔주름이 늘어나면서 피부 처짐과 눈가 주름 고민이 큰 것으로 나타났다.

④ 관심 효능과 효과

안티에이징에 관심을 가진 중국 소비자 중 26~35세는 53%, 36세 이상은 30%, 19~25세는 17%를 차지한다.

30세 전후 (젊은) 세대의 비중이 가장 크다는 점은, '얼리 안티에이징' 추세를 짐작하게 한다.

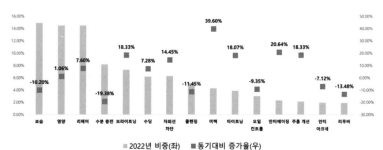

소비자가 관심을 갖는 효능별 관심도 비중

성분분석 앱인 메이리수신(美丽修行)에서 발표한 〈2023년 스킨케어 효능 인사이트〉에 따르면, 보습·영양·리페어가 소비자의 관심 효능 Top3이다. 수분 충전·클렌징·오일 컨트롤에 대한 관심도는 줄었고 미백·안티에이징·브라이트닝·리프팅·주름 개선 등의 고효능에 대한 관심도는 대폭 상승했다. 그중 미백에 관한 관심도의 증가율은 39.6%로 가장 컸다.

베이스 메이크업과 관련하여 출근과 등교에 필요한 데일리 간편 메이크업이 빠르게 확산되고 있다. '프라이머+픽싱 파우더'를 활용하거나 쿠션만으로 베이스 메이크업을 완성할 수 있는 초간단 5분 또는 10분 메이크업이 루틴(routine)으로 자리를 잡고 있다. 그리고 얼마 전까지 픽싱(fixing)력이 강한 제품들이 지성 피부 소비자에게 인기였으나 필름 포머(film former, 도막 형성 요소)에 대한 클레임이 제기되기도 했다. 예를 들어 픽싱력이 강한 필름 포머는 모공이 숨을 쉴 수 없게 만들어 피부 트러블을 야기한다는 내용이 샤오홍수에 상당수 올라와 있다. 이러한 추세를 반영해 SuppleSupple와 같은 민감성 베이스 메이크업 전문 브랜드들이 새롭게 출시되고 있다. 이들 브랜드는 여드름 유발 우려가 없고 모공 커버와 자외선 차단 그리고 이지워시(easy wash)와 심플 포뮬러(simple formula) 등의 피부 친화력을 내세우고 있다.

시장조사기관인 메이저차이나 커머스의 프라이머 제품 판매 데이터에 따르면 커버력을 내세우는 제품은 감소한 반면 스킨케어 기능을 강조하는 제품은 크게 성장한 것으로 나타났다. 자연스러운 커버와 스킨케어 효과가 있는 베이스 제품에 대한 소비자 관심도가 급격히 증가하고 있는 것으로 분석된다.

베이스/프라이머 Top100 내 효능별 제품 수량

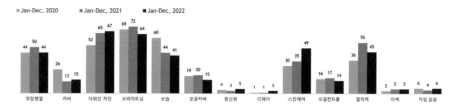

제형별 전년 동기대비 시장 점유율 & 성장률

	Total	위장행열	커버	자외선 차단	브라이트닝	보습	모공커버	항산화	리페어	스킨케어	오일컨트롤	밀착력	미백	끼임 없음
Revenue in 2022 (in Million CNY)	2607.8	679.0	187.7	1064.0	1064.0	562.6	146.1	113.7	16.2	751.0	195.5	712.6	55.5	141.2
M/S in 2021		26.8%	7.9%	33.2%	37.5%	22.8%	7.1%	3.3%	0.2%	20.3%	7.6%	29.2%	1.2%	5.1%
M/S in 2022		26.0%	7.2%	40.8%	40.8%	21.6%	5.6%	4.4%	0.6%	28.8%	7.5%	27.3%	2.1%	5.4%
YoY in 2021	+2.65%	-4.82%	-27.07%	+35.99%	+16.29%	-34.62%	-9.61%	+138.88%	-20.67%	-16.59%	+7.80%	+53.42%	+70.89%	-59.31%
YoY in 2022	-16.41%	-18.91%	-23.39%	+2.82%	-9.16%	-21.00%	-33.62%	+10.37%	+237.08%	+18.79%	-17.87%	-21.68%	+44.24%	-11.32%

립스틱 제형별 성장률 트렌드

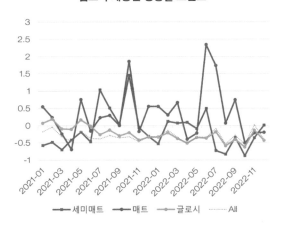

립스틱 제형별 키워드 점유율 트렌드

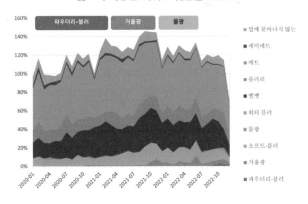

립스틱에서는 매트 타입의 매출 성장률이 가장 높다. 최근의 인기 키워드로는 묻어나지 않음, 세미 매트, 벨벳, 소프트 블러가 가장 큰 비중을 차지하면서 증가하고 있다.

립글로스 제형별 성장률 트렌드

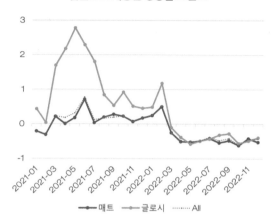

립글로스 제형별 키워드 점유율 트렌드

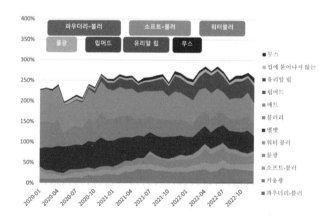

리퀴드 립 중에는 글로시(glossy) 타입이 인기가 높다. 글로시 타입은 보통 여름철에 수요가 많고 가을·겨울(FW) 시즌에는 하락하

지만, 글로시 립을 활용한 '동상 메이크업(冻伤妆)'이 유행하면서 지난 12월에는 판매가 증가했다. 거울광, 물광, 유리알 립이 중요 키워드로 부상하고 있다. 필름 형성과 탱글탱글함을 연출하는 글로시 립도 좋은 반응을 얻고 있다. 매트 타입 리퀴드 립의 연관 키워드는 파우더리 블러, 소프트 블러, 워터 블러, 립머드가 증가세를 보이고 있다. 기존 매트 립이나 립머드에 비해 촉촉하면서 가벼운 발림성이 특징인 무스 텍스처에 대한 선호도가 상승하고 있기도 하다.

메이크업 트렌드와 관련하여, 기존의 투명하고 내추럴한 분위기의 메이크업 스타일보다 올해에는 '도파민(dopamine) 메이크업'이 주목받기 시작했다. 높은 채도의 아이섀도에 스톤이나 글리터, 스티커 등을 가미하여 더욱 블링블링한 아이 메이크업을 연출하는 것이 핵심이며, 다양한 컬러의 아이라인을 사용하고 자연스런 볼터치보다는 메탈릭(metallic) 편광의 하이라이터로 화려함을 강조한다. 이런 변화는, 과감한 색조로 생기발랄함을 표현하려 하는 젊은 세대가 주도하고 있다.

⑤ 소비 유형

중국 뷰티 전문매체 essencemedia와 공동연구로 최근 구매 브랜드와 소비 금액 등에 대한 분석을 통해 중국 화장품 소비 유형을 6

가지로 세분화했다.

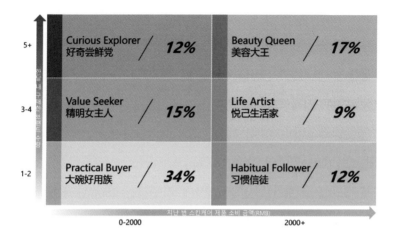

	0-2000	2000+
5+	Curious Explorer 好奇尝鲜党 / 12%	Beauty Queen 美容大王 / 17%
3-4	Value Seeker 精明女主人 / 15%	Life Artist 悦己生活家 / 9%
1-2	Practical Buyer 大碗好用族 / 34%	Habitual Follower 习惯信徒 / 12%

Practical Buyer(실용적 구매자) : 34%

해당 유형의 소비자는 주로 1980년대생으로 4, 5선 도시에 거주하며 소득이 상대적으로 낮고 자녀가 있는 기혼여성들로서 이들의 스킨케어 루틴은 클렌징 폼을 매일 사용하고 토너로 간단히 피부를 정돈하는 정도다.

이 집단은 구매욕구가 낮고 심플 라이프를 선호하며 절약을 중시하는 소비관을 가지고 있다. 보습, 오일 컨트롤, 클렌징 등 기본적인 효능에 만족하며 화장품에 대한 지식이 많지 않다. 브랜드에 대한 관심이 낮아서 사용 제품을 쉽게 바꾸지 않고 재구매하는 편이고, 가격에 민감하기 때문에 구매는 필요할 때에 한다. 제품 정보는 주로 TV 광고나 위챗 공식 계정, 소셜 플랫폼을 통해 얻고, 실제 구매는 샘플을 사용해본 후 오프라인 할인 행사나 틱톡, 타오바오의 라이브 방송을 이용해 하는 편이다. 이 유형의 소비자가 가장 많이 선택한 브랜드는 CHANDO, PROYA, NIVEA, vaseline 등과 같이 중국 로컬과 저가 해외 브랜드이다.

Beauty Queen(뷰티 인싸) : 17%

이 집단은 경제가 발전한 도시에 거주하는 1990년~1995대생의 사회초년생 Z세대로서 결혼은 했지만(43%) 자녀가 없는 딩크(DINK)족이다. 이들은 SNS를 통해 자신의 가치관을 확연히 드러내는 것과 같이 '인싸'로서의 성향을 보이는데 뷰티 관련한 지식이 풍부하여 자신만의 뷰티 루틴이 있고 새로운 것을 쉽게 받아들인다.

이 집단은 글로벌 브랜드를 선호하긴 하지만 브랜드 이미지나 가격보다 효능에 더 민감하다. 브랜드 충성도가 낮아서 여러 브랜드와 신제품을 시도한다. 주로 오프라인 이벤트, 위챗 모멘트 광고에서 또는 틱톡이나 샤오홍수에서 KOL의 추천을 받거나 지식을 습득한다. 티몰이나 타오바오, 징둥 등의 온라인 채널에서 소비자 리뷰를 찾아본 후 구매 여부를 결정한다. 이들은 라메르, SK II, 에스티로더, 키엘 등 글로벌 프리미엄 브랜드를 선호했다.

Value Seeker(이성적 가치추구자) : 15%

주로 1980년~1985년대생 중 저선 도시에 거주하고 소득이 상대적으로 낮으며 자녀가 있는 기혼여성이 여기에 해당된다. 이들은 슬로우 라이프를 즐기고 가정생활과 저축을 중요하게 생각한다. 화장품 지식을 어느 정도 갖고 있고 안티에이징과 미백 등과 같은 고효능에 대해 관심이 높다. 하지만 가계(家計)를 고려해 가성비 제품을 구매하는 편이다.

다른 유형의 소비자보다 구매 요소를 모두 고려하는 편인데 그중 가격에 가장 민감하다. 그래서 지인 추천이 있을 때에야 신규 브랜드를 시도해보거나 아니면 이벤트 행사 때에 제품을 구매한다.

이들은 제품 정보를 얻기 위해 다양한 방법을 사용한다. 매장 방문, 생활 서비스 앱, TV 광고, 연예인 홍보, 샘플, 사용후기 등. 선택한 브랜드는 Pechoin, CHANDO, OSM, Winona 등과 같이 모두 중국 브랜드다.

Habitual Follower(보수적 습관 추종자) : 12%

1980~1985년생 중급 이상의 경제시에 거주하는 여성들로서 어느 정도의 사회적 지위와 경제적 여유가 있는 사람들이다. 이들은 가정생활과 시간 절약을 중시한다. 화장품 관련해서는 가격보다 인지도를 중시해서 글로벌 브랜드를 선호하고 지인 추천을 받아 구매하

는 경우 이외에는 새로운 브랜드를 시도하지 않는 편이다. 제품 정보는 온라인 매체보다는 TV광고, 매장 이벤트, 브랜드 공식계정이나 知乎/百度知道(네이버 지식IN 유사 플랫폼) 등에서 획득하고 샘플 사용 후 구매여부를 결정한다. 모든 유형들 중에서 이 집단이 글로벌 브랜드(랑콤, 샤넬, 로레알, OLAY 등)를 가장 많이 선택했다.

Curious Explorer(호기심 많은 욜로족) : 12%

이들은 1995년~2000년대생 중 저선 도시에서 생활하고 있고 저소득층으로서 주로 학생과 사회 초년생이 여기에 해당된다. 패션 트렌드나 화장품 브랜드에 관심이 많으며 새로운 것을 좋아하고 저축보다는 지금의 생활을 즐기는 욜로(YOLO)족이다.

뷰티 관련한 지식과 호기심이 많기는 하지만, 소득 면에서 제약이 있다 보니 브랜드보다 효능이나 가격을 우선시한다.

제품 정보는 위챗 같은 소셜 미디어, 온라인 게임, 예능 프로그램 등을 통해 입수하고, 구매 여부는 온라인 라이브 방송이나 샤오홍슈 등을 참고하여 결정한다. 실제 구매는 할인 행사가 있을 때 하는 편이다. 이 집단은 시세이도, Dove, Winona, vaseline 같은 중저가 브랜드를 선호한다.

Life Artist(안정추구 자기만족자) : 9%

중급 이상의 경제도시에 거주하고 있는 1990년대생 중 자녀가 있는 기혼 여성(75%)이 대표적이다. 이들은 워라밸을 중시하고 자기 자신의 삶을 가꾸는 데에 관심이 많다. 그래서 뷰티에 관심이 많고 관련 지식을 어느 정도 갖고 있으며 본인의 피부에 맞는 화장품도 알고 있다. 전반적으로 브랜드와 이미지를 신뢰하는 분위기라 글로벌 브랜드를 선호하는 성향이 두드러진다. 신규 브랜드를 선택하는 일은 주로 지인의 추천이 있을 경우로 국한된다. 한편, 가격에 민감하지 않아 6.18이나 쌍스이(11.11) 등과 같은 대규모 이벤트 행사에서 대량 구매를 하는 경우는 보기 어렵다. 또한 효능에 대해서도 까다롭지 않아서, 써보고 괜찮다고 생각되면 다시 구매한다.

이 집단은 주로 모바일 도구(앱, 샤오홍슈·틱톡, 위챗)나 직간접 광고, KOL/전문가 추천, 브랜드 공식 계정을 통해 제품을 인지한다. 제품을 구매하기 전 매장에서 직원의 설명을 듣거나 티몰, 징둥, 틱톡 등의 플랫폼에서 사용후기를 검색한다. 이 집단에 속하는 소비자들이 가장 많이 선택한 브랜드는 디올, 에스티로더, 랑콤, 로레알 등의 글로벌 프리미엄 브랜드다.

⑥ 선호 디자인과 포장

레드와 골드 그리고 유광택을 이용한 화려함이 주조를 이루던 중국 디자인은 2030세대가 소비의 주축이 되면서 변화하고 있다. 마케팅 조사기관인 엔안탕연구원(言安堂研究院)의 〈화장품 포장 트렌드 및 중국 소비자 인사이트〉 조사를 보면 그것을 확인할 수 있다.

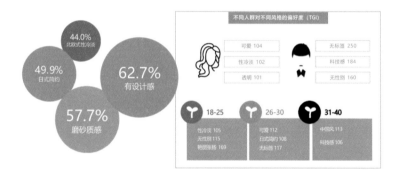

400여 명의 소비자를 대상으로 한 연구조사에서, 디자인이 중요하다고 답한 사람이 62.7%였으며 다수의 응답자가 무광택 포장(57.7%)과 심플함(49.9%)을 선호했다. 화려한 유광 포장 스타일이 소비자로부터 서서히 외면 받고 있는 것이다.

응답자 28%는 제품 포장이 구매 결정의 중요 요소라고 답했다. 이는 중장년층에서보다 젊은 세대에게서 두드러졌다. 한편 고품질

포장을 위해 추가비용을 지불할 의향이 있음을 밝힌 응답자는 59% 였는데, 대부분(76%)이 5%의 추가비용을 선택했고 소수(19.5%)가 10%까지 부담할 수 있다 답했다. 추가비용 지불 의향이 있는 소비 자 중 60% 이상이 친환경 방식(리필, 생분해 소재)을 선택했다.

중국정부는 '식품 및 화장품 과대 포장 요구' 국가 표준을 2년간의 유예기간을 거쳐 2023년 9월 1일부터 시행했다. 식품 31종, 화장품 16종의 포장 공간 비율, 포장 횟수, 포장 비용에 대해 구체적으로 규정하고 강제성 표준에 부합하지 않으면 생산, 판매 및 수입이 금 지된다. 이번 표준 개정안 시행으로 식품과 함께 화장품의 친환경 포장은 증가하고 과대 포장은 줄어들 전망이다.

전(全) 산업에 걸쳐 중국 디자인의 하나의 공통점은 '전통'이다. 중국 사람들은 대체로 자신들의 전통문화에 대해 큰 자부심을 갖고 있다. 중국 디자인은 이러한 저변 의식을 바탕으로 고대 철학, 전통 공예, 지역(민족)문화 등 다양한 영역에서 '전통'을 응용하며 중국만 의 디자인 코드로 발현되고 있다. 특히 궈차오(애국 소비) 열풍과 맞물려 중국 전통을 기반으로 한 디자인 추세는 더욱 확대, 발전될 전망이다. '전통'을 강조하고 이를 응용한 화장품 브랜드 중 몇 가지 예를 들면, 중국 미학의 철학을 계승한다는 사업이념을 가지고 있 는 메이크업 브랜드 화씨즈(花西子)는 중국 전통 가치를 다양한 제 품 디자인에 녹여내고 있다.

출처 : 화씨즈 홈페이지

　1931년에 중의학을 바탕으로 설립된 바이췌링(百雀羚)은 서브 브랜드인 삼생화(三生花) 디자인에 1930년대 상하이 스타일을 재해석해서 반영했다.

출처 : 바이췌링 홈페이지

독특한 디자인으로 MZ세대에게 인기가 높은 걸커트(Girlcut)는 중국에서 유명한 귀신 이야기 책인 《요재지이(聊斎志異)》를 디자인 모티브로 했다.

출처 : 걸커트 홈페이지

중국 화장품 디자인의 또 다른 특징 중 하나가 '콜라보(collaboration)'이다. 화장품 브랜드의 콜라보는 식품, 패션 등 이업종은 물론 박물관, 미술관, 캐릭터(IP) 등 다양한 문화예술 분야와도 이루어지고 있다. 로컬 브랜드뿐만 아니라 로레알, 맥, 시세이도 등 글로벌 브랜드들도 중국 특징이 담긴 콘텐츠를 내세워 콜라보 활동을 활발히 전개하고 있다. 다만 로컬 브랜드와 글로벌 브랜드의 콜라보 목적은 조금 다르다. 중국 로컬 브랜드는 잘 알려져 있거나 고급 이미지를 가진 브랜드와의 콜라보를 통해 자신의 인지도와 신뢰도를 단기간 내 높이려는 측면이 강하다. 반면 글로벌 브랜드는 자국 전통 문화에 강한 자부심을 가지고 있는 중국 소비자에게 친근감을 강조하기 위한 목적이 보다 강한 편이다.

퍼펙트다이어리×디스커버리

맥(MAC)×중국 청나라 컬렉션

에스티로더×신년 콜렉션

위니팡×저우헤이야(축산가공브랜드) (출처 : 각 브랜드 홈페이지)

 앞에서 언급한 중국 화장품 디자인의 공통된 특징과는 별개로 소
비자 연령대별로 선호하는 디자인 스타일은 다소 차이가 있다. 예
컨대, 18~25세의 여성 소비자들이 주로 중성적이거나 화려하고 개
성이 넘치는 디자인 스타일을 선호하는 반면 26~30세의 소비자들
은 귀엽거나 심플한 스타일을 좋아하는 편이다. 그리고 31~40세의
연령대에서는 기술력이 느껴지게 만드는 디자인이나 중국 특징을
담은 디자인이 호평 받았다.

중국 화장품 소비 5대 트렌드

① 민관(民官)합동 소비 업그레이드

화장품을 포함한 중국 소비 트렌드에서 주목해야 할 것은 '소비 업그레이드(고품질화)' 현상이다. 이는 중국 국가 경제발전 전략인 '쌍(双)순환'과 깊은 관련이 있다. 쌍순환이란 외적으로 수출과 개혁 개방을 지속하면서 대내적으로 내수를 키우고 활성화시켜 내순환(국내 시장)과 외순환(국제 시장)이 유기적으로 돌아가게 만든다는 전략이다. 이는, 공급 측면에서 독자적 국내 공급망을 구축하여 수입 의존도를 낮추고 수요 측면에서 민간 소비를 확대하여 소비구조를 업그레이드하겠다는 것이다.

소비 업그레이드는 내순환 전략의 주축으로서, 중국을 고급 제품이 소비되는 글로벌 중심지로 만드는 한편 자국 브랜드의 고급화를 겨냥하고 있다. '궈차오(国潮)'는 -이른바 '애국 소비'- 쌍순환 전략과 깊은 연관이 있고 화장품은 더욱 그러하다. 중국 화장품 시장은 세계 2위 규모지만, 수입이 수출보다 8배 이상으로 많아서 큰 무역수지 적자를 보인다. 중국정부는 2021년 '화장품 생산 및 운영감독 실시법'(화장품법)을 개정했다. 개정 목적은 화장품의 생산·품질·안전을 글로벌 수준으로 끌어올리고 중국 기업의 R&D 경쟁력을 높이는 것이라 하지만, 처방 공개의 강제, 상세한 표시 문구, 까다로운 위생 허가 등을 규정함으로써 수입품에 대한 무역장벽을 높이고 국산품의 시장확대를 기도하기 위함이라는 의견도 적지 않다. 정부의 이러한 간접적 지원과 국민들의 궈차오 성향을 바탕으로 중국 브랜드는 저렴한 가격을 앞세워 빠르게 성장했으며 그 결과 비교적 단기간에 글로벌 브랜드와 -적어도 국내시장에서- 경쟁할 수 있는 위치에 도달했다. 2022년 〈화장관찰보고서〉에 따르면, 최근 5년간 궈차오에 대한 관심은 55% 증가했고 국산품 매출은 약 3.5배 증가했으며 중국 브랜드에 대한 관심이 외국 브랜드에 대한 관심보다 3배 더 커졌다. 궈차오는 여러 중국적 요소들과 접목되어 퍼지고 있으며 이와 함께 상품의 품질 향상도 이루어지고 있다. 이러한 추세는 앞으로도 이어지리라 예상된다. 중국 정부는 5월 10일을 중국 브랜드의 날로 지정하고 다양한 정책을 이용해 애국 소비를 부추기고 있다.

중국 하침시장(下沉市場)에서의 화장품 소비와 고품질화도 주목해야 할 부분이다. 하침시장이란 중국의 3선 이하의 도시와 향진(읍, 면 해당)을 말한다. 현급시(市) 2천852개와 향진 4만466개가 해당하는데 면적은 중국 영토의 72%를 차지하고 주민 숫자는 10억에 달한다. 평균 연령대가 28.7세이며 대도시 대비 2배 이상 빠른 소비 증가세를 보이고 있다.

　　중국은 농촌 인구의 소비 잠재력을 최대한 끌어내는 것이 국가 경제 운용에 매우 중요하다고 판단하여 중앙과 지방정부 차원의 농촌 소비 진흥정책으로써 하침시장을 육성하고 있다.

　　한편 중국 소비자는 로컬 화장품 브랜드의 고품질화(업그레이드)를 위해서는 '기술 혁신 투자'가 필요하다고 생각한다. 2022년 imedia가 소비자 1772명을 대상으로 한 〈중국 로컬 화장품 브랜드 관련 조사〉에서 응답자의 63%가 "국내 브랜드는 연구 개발에 대한 투자를 늘려 신제품을 출시해야 한다"라고 답했다. 중국 로컬 브랜드의 혁신 방안으로 응답자의 46%가 해외 개발업체와의 협업을 꼽았다. 해외 유명 연구개발업체와의 공동 연구와 협업이 자국 브랜드의 경쟁력을 강화시킬 것으로 본 것이다.

　　결론적으로 중국 소비자는 자국 브랜드가 글로벌 브랜드에 비해 연구개발, 성과 전환 측면에서 여전히 부족하며 이는 지속 가능한 발전을 저해하는 요소라고 여기고 있다. 또한, 해외 브랜드가 저가 시장에 진입하는 경우가 늘고 있어서 가격 경쟁력을 핵심으로 하는 다수의 자국 브랜드가 고전(苦戰)할 수 있을 것으로도 보고 있다.

시장의 이러한 우려 속에 중국 업체들은 해외 브랜드를 인수하거나 자체 연구소를 설립하는 등의 방식으로 대응하고 있다. 이센(Yatsen) 경우 2021년 프랑스의 고가 스킨케어 브랜드인 갈레닉(Garlenic)과 영국의 이브 롬(Eve Lome)을 인수하는 한편 글로벌 ODM사인 코스맥스와의 합작법인을 설립했다. BTN 경우는 미국의 클린 뷰티 메이크업 브랜드를 인수했다. 그 밖에 화씨즈(化西子)는 항저우에 대규모 연구센터를 준비 중이며, 프로야(PROYA)는 다수의 화장품 스타트업에 투자했다. 중국의 뷰티 생태계는 이렇게 서서히 제 모습을 갖춰가고 있다.

② 민감성 시장 지속 확대

중국의 민감성 화장품 시장은 2021년 250억 위안으로 전체 스킨케어 시장에서 10.8%를 차지했다. 2023년은 2년 전보다 약 30% 성장(325억 위안)이 예상되며 앞으로도 매년 15% 이상씩 성장할 것으로 추측되고 있다.

민감성 피부 소비자들은 제품에 대해 뚜렷한 생각을 가진 것으로 또한 그들 중 약 70%는 민감성 전문 제품을 사용하고 있는 것으로

드러났다. 2022년에 가장 많이 판매된 민감성 화장품은 마스크 팩(53억 위안), 크림/로션(44억 위안), 세럼/에센스(37억 위안), 토너(14억 위안) 순이다.

한편 제품 기능 측면에서 시장을 살펴보자면, 리페어·수딩 같은 기초 효능 관련한 시장은 크지만 성장률은 낮은 상태고 톤업·안티에이징처럼 특정 기능 관련한 시장은 작지만 빠르게 성장 중이다.

민감성 피부를 가진 소비자들의 다수(62%)는 민감성 피부를 개선할 수 있는 리페어와 안티에이징 효과가 겸비된 올 인원 제품을 원했다.

T-mall 민감성 피부 스킨케어 시장 효능 키워드 분석

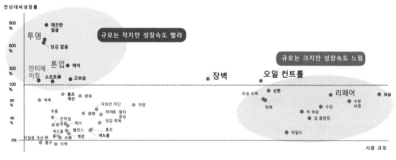

출처 : TMIC DATA

민감성 피부 소비자가 일반 안티에이징 제품에서 느낀 주된 불만은 텍스처(46%), 피부 자극(43%), 비전문성(41%)이었다.

민감성 제품에 대한 소비자 수요는 효능, 성분, 피부 관리법 등과 같이 다각적으로 '정밀화(精密化)' 추세를 보이고 있다. 효능 측면에서 기초 보습과 수딩 제품들이, 피부 트러블을 해소해주고는 있으나, 앞으로 보다 세분화되고 향상된 효능을 갖추기를 원하고 있다. 성분 관련해서는, 현재의 저자극 고농도 단일 성분 제품보다는 더 강한 효과를 제공해줄 수 있는 복합 성분을 원한다. 사용법 측면에서는, 고정된 피부 관리법이 아니라 피부 상태에 따른 맞춤형 관리법을 희망하고 있다.

　민감성 피부 소비자의 구매 목적은 당연히 일반 소비자의 그것과는 다르다. 우선 미백 측면에서, 일반 소비자가 빠른 효과를 원한다면 민감성 소비자는 부드러운 피부 톤업과 수딩을 원한다. 안티에이징 제품의 경우, 일반 피부 소비자가 주로 젊은 상태를 유지할 의도로 사용한다면 민감성 피부 소비자는 주름 개선과 피부 장벽 강화 등 구체적인 피부 문제 해결을 위해서다. 자외선 차단 관련해서는 민감 피부 소비자가 적극적이다. 일반 소비자가 텍스처, 광(光)노화 등 자외선 차단 외 부가 기능에 관심을 갖는 반면, 민감성 피부 소비자는 강한 자외선 차단 효과와 마일드 여부를 최우선시한다.

③ '심신치유에서 피부건강까지' : 감성 스킨케어

'감성 스킨케어'라고도 하는 정서적 피부 관리는 심리 상태와 피부의 밀접한 연관성에 주목한다. 사실 장기간의 스트레스는 정신적 긴장, 수면 부족 등을 유발할 뿐만 아니라 내분비 장애, 호르몬 수치 불균형 등을 초래하여 여드름이나 피부 홍조는 물론 노화를 촉발한다. 따라서 피부를 관리하는 스킨케어가 사람들의 삶에서 발생하는 문제도 개선하는 데 도움이 된다는 것이 '감성 스킨케어'의 핵심 논리이다. 기능적 관점에서 볼 때도 스킨케어 제품의 효능 성분은 사람들의 감정으로 인한 피부 문제를 완화하는 데 도움이 된다. 예를 들어 스킨케어의 다양한 향이나 텍스처, 형상 등은 후각, 촉각, 시각 등을 통해 사람의 감정을 온화하고 부드럽게 만들어 준다.

이런 맥락에서 2022년 〈bilibili 청년 스킨케어 관심 트렌드 보고서〉는 주목할 가치가 있다. 그에 따르면, 다수의 응답자는 '정서적 만족감을 충족시키는 소비'가 새로운 흐름이 될 것이라고 보았다. 뷰티 케어가 이미 생활의 일부가 되어있는 상황에서 이제는 피부 건강관리만이 아니라 정서치유에도 도움이 되기를 희망하는 것이라 볼 수 있다.

중국에서 '감성 스킨케어'는 아직 니치(niche)한 콘셉트이지만 2020년 이후 점차 커지고 있다. 2022년 티몰의 '감성 스킨케어'와 관련한 매출액은 약 18.6억 위안으로 2020년에 비해 4.5배 증가했다. 품목별로 보자면, 페이셜 오일과 바디 케어가 75%로 수위를 차지하고 스킨케어 세트와 립 케어가 그 뒤를 따른다. 로컬 브랜드가 페이스와 립 케어를 중점으로 하는 반면 글로벌 브랜드는 안티스트레스를 강조한다. 성분 측면에서는 글로벌과 중국 브랜드 모두 식물 추출물을 마케팅 포인트로 사용한다. 자연, 식물(유래) 개념과 스트레스 완화 관계는 중국 소비자 인식 속에 자연스럽게 형성되어 있기 때문이다.

④ 쉽게 받아들이는 '클린 뷰티(clean beauty)'

클린 뷰티라는 개념은 아직 중국에서 활성화되어 있지 않지만, 소비자들이 전향적 태도를 보이고 있어 앞으로 성장이 예상되는 분야다.

〈중국 클린 뷰티 현황 조사〉(言安堂研究院)에 따르면 클린 뷰티에서 중요하게 여겨지는 항목은 안전성(77%. 이하 중복응답 기준), 방부성(72%), 유해성분 여부(65%), 천연·유기소재 여부(64%), 동물실험 배제(56%), 성분 표시의 정확성(53%)이다.

또한 중국 소비자들은 클린 뷰티가 민감성 피부뿐만 아니라 모든 피부 타입에 적합하다고 보는 것으로 나타났다.

◆ 클린 뷰티 콘셉트 화장품은 어떤 사람한데 적합하다고 생각하십니까?

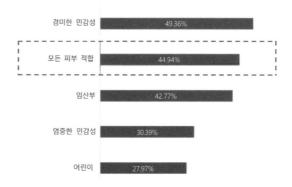

경미한 민감성 49.36%

모든 피부 적합 44.94%

임산부 42.77%

엄중한 민감성 30.39%

어린이 27.97%

70.8%

화장품에 클린뷰티가 들어간다는 콘셉트를 받아들일 수 있나요?
클린 뷰티에 대한 소비자 수용도가 높으며, 수용 가능한 소비자가 약 70.8%를 차지한다.

63.1%

선호하시는 화장품 브랜드에서 클린뷰티 홍보에 맞는 제품을 생산하길 원하시나요?
63.1%의 소비자는 클린뷰티 제품을 생산하길 원한다.

56.6%

클린뷰티를 내세운 화장품 브랜드가 눈길을 더 끌까요?
소비자의 과반수가 클린 뷰티 화장품을 홍보 하는 화장품에 끌릴 수 있다.

42.2%

클린뷰티는 스킨케어 제품의 기준으로 삼아야한다고 생각하십니까?
42.2%의 소비자는 긍정적인 응답
반면17.8%의 소비자는 반대표를 냇다 .

클린 뷰티 콘셉트에 대해 응답자의 70.8%가 긍정적으로 평가했고, 본인이 선호하는 브랜드가 클린 뷰티 화장품을 개발했으면 좋겠다는 응답도 63%에 달했다.

반면 클린 뷰티가 화장품 기준으로 적합한지에 관해서는 아직 시기상조라는 의견이 절반을 상회(57%)했다.

즉, 클린 뷰티에 대한 이해도와 수용도는 높은 편이지만 안티에이징, 미백 같은 화장품의 기준으로는 아직 받아들여지지 않았다고 볼 수 있다. 시장이 활성화되려면 시간이 더 필요할 것으로 판단된다.

티몰과 징둥 플랫폼에는 약 70여 개 클린 뷰티 브랜드가 입점해 있다. 그곳에서 클린 뷰티 브랜드들의 매출 규모는 아직 작지만 성장률은 약 135%에 이른다. 예를 들어, 중국 최초의 클린 뷰티 브랜드인 Dewy Lab 같은 경우는 관련 기술의 연구·개발을 위해 중국과학원 같은 권위 있는 연구기관과 협력하고 있으며 이를 통해 제품 생산 과정에서 각종 유해 성분을 제거해내고 있다.

⑤ 화장품과의 융합, 홈 뷰티테크(Home Beauty-Tech)

피부관리에 대한 관심이 높아지면서 '홈 뷰티' 시장이 지속적으로 성장하고 있다. 특히 코로나19를 거치면서 관심은 피부 관리뿐 아니라 바디, 모발, 두피 케어로까지 확대되고 있다. 중국미래산업연구원은 2021년 중국 가정용 미용기기 시장규모가 약 100억 위안(약 1조8860억 원)이며 2025년에는 251~374억 위안에 이를 것으로 전망했다. 과거 허위 광고와 빈번한 안전사고로 인해 부정적이었던 소비자 시선도 긍정적으로 바뀌고 있다.

중국의 홈 뷰티 디바이스는 LED, 고주파 등의 기술을 활용해 주름개선, 피부 청결, 보습, 여드름 및 기미 제거, 피부 탄력 개선 효과가 있는 다양한 종류가 판매되고 있다. 판매가격대는 기술력을 강조하는 프리미엄 제품 비중이 높아지고 있다. 시장조사 기관 종웨이소비연구원(众为分众消费研究院)의 자료에 따르면, 2022년 500위안 이하 제품의 판매량은 전년대비 20% 하락했지만 1~3천 위안 가격대의 제품은 39%, 3천 위안 이상의 제품은 31% 이상 증가했다.

'홈 뷰티' 시장이 성장하고 소비자 인식이 긍정적으로 바뀌면서 화장품 기업도 이 분야에 속속 뛰어들고 있다.

메이크업 전문 브랜드 화씨즈(化西子)는 2022년 홈 뷰티 디바이스와 결합한 프리미엄 스킨케어(OGP)를 출시했다. 뷰티 디바이스만 별도로 구매할 수도 있는데, 판매가는 3천 위안 정도다. 방문판매유통을 통해 화장품과 건강식품을 판매하는 마루비(MARUBI)는 에센스 침투력을 높이는 LED 마스크를 출시했다. 페이셜 오일로 인기가 높은 아퓨(AFU)는 감성 케어 콘셉트의 아로마테라피 디바이스를 선보였다. 화장품 브랜드가 뷰티 디바이스 관련하여 가장 중시하는 기능은 에센스 침투 촉진, 리프팅과 부기 개선, 보습이다.

2022년 현재, 중국에서 뷰티 디바이스를 구매하는 주요 연령층은 25~34세(56%)와 20~24세(12%)로서 한국, 일본, 유럽의 경우(35~45세)와 비교하면 소비 연령층이 현저히 낮다. 아마도 그 배경에는 신체 건강과 마찬가지로, 피부도 미리 관리한다면 건강한 피부를 유지할 수 있어 병원에 갈 필요가 없다는 인식이 자리 잡고 있을 것이다.

중국 소비자 화장품 선택 기준

요즘 소비자는 참 스마트하다. 가성비나 지인 추천에 의존하던 '실리 바이(silly buy)'는 더 이상 찾아보기 어렵다. 요즘에는 스마트폰과 온라인 플랫폼을 활용하여 각종 정보를 -즉 제품의 기본적 사항(가격, 디자인, 효능)은 물론이고, 부가적 사항(성분, 안정성)과 시장 평판(사용자 리뷰, 인플루언서 평가)을 비롯하여 자신의 피부 타입까지도- 꼼꼼히 확인하고 있다.

이성적(스마트) 소비가 이렇게 확산되다 보니, 소비자들의 브랜드 충성도는 갈수록 낮아지고 있다. 이런 추세 속에서 기업들은 제품 라인을 늘리기보다는 소수의 알짜배기 단품을 출시하는 데에 힘을 기울이고 있다. 고기능 단품으로써 최초 구매를 유발하고 이에 수반하는 연관 제품들을 추가 구매하도록 유도하려는 것이다.

① 피부타입과 맞춤형 화장품

코로나19 방역을 위해 장시간 마스크를 착용하다 보니 홍조, 뾰루지, 습진 같은 피부 트러블이 많이 발생했다. 이런 배경에서 '피부타입 알아보기'와 같은 어플리케이션이 인기를 끌게 되었다. 즉, 피부에 대한 이런 관심은, 평소 자신의 피부 유형에 무관심했던 중·장년층 여성들에게서 두드러졌다.

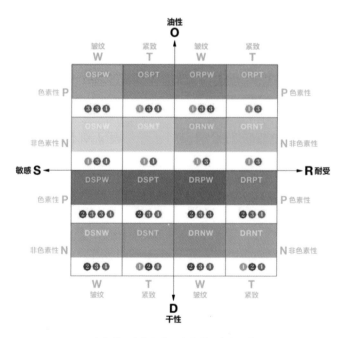

D(건성), S(민감성), O(지성), R(내성력)

이 도표(Baumann skin type)는 국제적으로 많이 이용되는 피부 분류법이다. 이에 의하면 피부는 건성, 민감성, 지성, 내성의 네 항목에 의해 총 16가지 유형으로 구분된다. 착색 정도(P, N)나 주름 여부(W, T)가 최근 자주 인용되고 있고, 민감성 여부(S, R)는 코로나19 확산 동안 마스크 착용으로 피부 트러블을 호소하는 사람들이 폭증하면서 핫 키워드로 부상했다. '건성·지성·민감성' 피부 유형을 '건민성(干敏肌)'이나 '지민성(油敏肌)'으로 묶어서 표현하기도 하는데, 이런 용어는 피부 타입을 가리키는 키워드로 쓰일 뿐만 아니라 일종의 마케팅 전략으로도 활용된다.

한편 Z세대를 중심으로, 대부분의 사람들은 여전히 별자리를 성격 판단의 근거로 쓰지만, MBTI 검사가 확산되고 있다. 이런 배경 속에서 MBTI 유형과 피부 타입을 재미있게 연결 짓는 앱이 등장하여 인기를 끌고 있으며 MBTI를 활용한 마케팅 캠페인도 증가하고 있다.

나아가 중국에서도 맞춤형 화장품 시장이 열릴 것으로 예상된다. 중국 국가약품감독관리국은 2022년 10월, 화장품 개성화(맞춤형 화장품) 서비스와 관련한 프로젝트를 실시한다고 발표했다. 프로젝트는 베이징, 상하이 등 6개 도시에서 1년간 진행된 후 관련 사항들이 법제화되리라 예상되고 있다.

맞춤형 화장품의 핵심은 개인별 피부 알고리즘과 그에 맞는 처방

개발이다. 중국은 -빅데이터 생성·활용 측면에서 매우 앞서 있는 국가(전 세계 빅 데이터 총량의 1/5를 차지)답게- 맞춤형 화장품을 개발하는 데에 빅데이터를 활용하게 될 것이다. 어떤 방식으로 맞춤형 화장품이 개발되고 출시되건 간에, 새로이 열리게 되는 맞춤형 화장품 시장은 중국의 화장품 산업에 추가적인 성장 동력을 부여하게 될 것임은 의심의 여지가 없다. 다만 그 동력이 구체적으로 어떻게 작동하고 작용할지 그 점은 앞으로 지켜볼 필요가 있을 것이다.

② 가성비

최근 화장품 소비에 있어 가격 민감도는 낮아지고 있는 반면 제품 효과나 가성비에 대한 관심은 커지고 있다. 2022년 중국 소비자들이 화장품에 지불한 비용은 201~1000위안이 71.5%를 차지했다. 이는 전년도에 비해 큰 폭으로 증가한 수치인 반면, 200위안 이하의 소액 지출은 눈에 띄게 감소(-63%)했다. 이는 가격 민감도가 낮아지고 있음을 방증한다.

많은 중국 브랜드들은 '저가 마케팅'으로 시장에 진출해 주목을 받음으로써 인지도를 향상시켰다. 즉, 이들의 제품은 다양한 소셜 플랫폼에서 글로벌 유명 브랜드의 '저가 대체품'으로 불리며 '가성

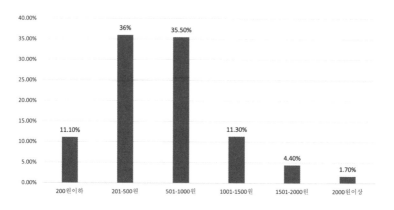

중국 소비자의 화장품 지출금액(단위 : 위안)

200원이하	201-500원	501-1000원	1001-1500원	1501-2000원	2000원이상
11.10%	36%	35.50%	11.30%	4.40%	1.70%

비 경쟁'에서 우위를 차지했던 것이다. 지난 몇 년 동안 '저가 대체품'의 열기는 아주 뜨거웠고 그것은 로컬 브랜드가 급성장하게 된 배경이기도 하다. 하지만 최근 변화가 감지되고 있다.

여러 유명 로컬 브랜드들이 잇따라 가격을 인상하면서 글로벌 브랜드와의 가격 차이를 크게 체감하지 못하게 되자, 소비자들이 글로벌 제품으로 관심을 돌리고 있다. 예를 들어, 인투유(INTO YOU) 틴트의 초기 가격은 약 30위안이었지만 브랜드가 유명세를 타면서 나중에는 69위안(2g)으로 올랐다. 얼핏 저렴해 보이지만, 그램당 가격은 34위안으로서 아르마니 틴트와는 20위안 정도의 차이만 있을 뿐이다.

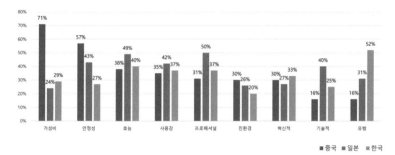

한중일 브랜드 비교, 가성비와 성분안정성을 갖춘 로컬브랜드가 우세

한중일 화장품 브랜드들의 비교우위를 살펴보면, 중국 제품은 가성비 면에서 월등하다. 하지만 중국 제품의 가격 상승, 글로벌 브랜드의 저가 콘셉트 제품의 시장 진출 등으로 인해 가성비 경쟁은 치열해질 전망이다. 더욱이 '저가 대체품'을 선호했던 연령대의 소비자들이 취업시장에 진입하면서 구매력이 향상됨에 따라 이들은 프리미엄 시장에 관심을 기울이고 있다. 따라서 앞으로 이 소비층에 대한 또 다른 가성비 경쟁을 염두에 두어야 할 상황이다.

③ 효능과 성분

〈2021년 중국 소비자 화장품 브랜드 및 마케팅 연구〉 자료에 따르면, 제품 구매에서 최우선 요소는 효능과 효과였고 세 번째는 성분이었다. 즉, 지금까지 중국 소비자들은 글로벌 브랜드의 많은 연

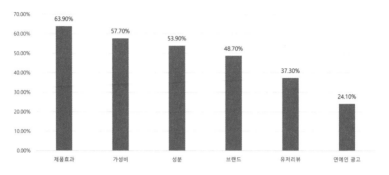

2021년 중국 소비자 화장품 선택기준 및 구매요소

출처 : imedia

구 개발비와 노력 때문에 글로벌 브랜드를 신뢰하고 선호해 왔지만, 최근에는 유명세보다 실제 기능과 성분을 더 중시하기 시작한 것이다. 이제 소비자들은 제품 설명이나 사용 후기를 통해 효능과 효과를 확인한 후 자신에게 적합한 제품을 구매한다.

2022년 3월-6월 성분당 성별분포도 및 성장세

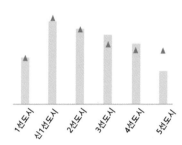

**2022년 3월-6월
성분당 도시 분포도 및 성장세**

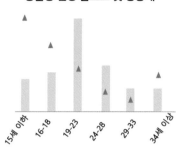

**2022년 3월-6월
성분당 연령 분포도 및 성장세**

출처 : 샤오홍수

　이런 경향은 젊은 세대에서 특히나 두드러진다. Z세대의 활동 무대인 틱톡(Tiktok)을 예로 살펴보면 2022년 하반기에 성분, 효능에 관한 검색 빈도가 전년도 같은 시기에 비해 184% 증가했다. 따라서 신생 브랜드들은 쇼트클립, 리뷰, 추천 등을 통해 소비자와 접점을 생성한 후 '성분·효능'을 강조함으로써 소비자 범위를 넓혀가곤 한다.

　성분·효능을 중시하는 분위기는 '성분당(成分党)'이라는 신조어로 확인할 수 있다. 이 용어는 10~20대의 여성들 중 화장품에 관해 전문가적 지식을 갖추고 있는 사람들을 가리킨다. 이들은 대체로 1선, 2선 도시에 거주하며 자신의 지식을 바탕으로 특정 성분과 효능을 일반 소비자들에게 추천하곤 한다.

　중국에서 많이 선택되는 상위 10개의 미용 성분은 아미노산, 히알루론산, 프록실린, 로즈, 나이아신아마이드, 알로에, 살리실산,

진주, 홍차, 시카 추출물이다. 예컨대, 화시생물의 히알루론산 앰플은 2021년 7.5억 위안(약 1435억 원) 이상 판매되었다.

성분에 대한 스토리텔링은 현재 중국에서 핫 아이템이 되기 위한 필수요소다. 예를 들어, 보습도 단순히 '촉촉하다'는 느낌을 전달하는 것이 아니라 '저·중분자 고순도 히알루론산 ○○%에 의한 보습', '○○겹의 저자극 세라마이드에 의한 보습'과 같이 구체적인 성분 언급이 곁들여져야 한다.

한편 공적인 영역에서도 이런 변화를 반영하는 조치가 등장했다. 즉, 2022년 화장품과 관련하여 엄격해진 법규들이 시행되었고 이로 인해 제품 개발과 마케팅에 많은 변화가 일어나고 있다. 그래서 2022년은 기능성 화장품 발전, 도약의 해라고 불리기도 한다. 이제 소비자들은 성분이나 효능의 유무 그 자체에만 관심을 두지는 않는다. 진술된 성분이나 효능이 과학적 또는 임상적 데이터에 의해 제대로 뒷받침되고 있는가를 살펴보고 있다.

메이크업 영역에서 스킨케어 형태의 제품이 소비자에게 호응을 얻고 있는데 이런 제품은 대체로 보습, 피부장벽 보호, 탄력 개선에 효과적인 성분을 함유하고 있다. 특히 인기 있는 제품군은 베이스와 립 계열이다. 립 케어 시장은 아직 작지만(립 시장의 약 5%) 새로 진입하는 브랜드가 증가하고 있고 제품 또한 세분화되고 있다. 립스틱, 립틴트, 립마스크 외에 립로션, 립크림, 립에센스, 립에센셜 오일 등과 같이 다양한 텍스처와 효능을 강조하는 제품이 속속 등장하고 있다. 이런 제품의 성분, 효능, 안정성 등을 조회할 수 있게 해주는, 한국의 '화해'와 같은 역할을 하는, 메이리슈싱(美丽修行)이라는 앱이 이미 널리 사용되고 있다.

④ 비주얼 이펙트(visual effect)와 컬러

스킨케어 선택 기준이 주로 성분과 효능에 있는 반면, 메이크업 경우에는 즉각적 시각 효과에 있다. 베이스 제품은 지속력, 커버력, 밀착력 측면에서 포인트 제품은 컬러, 텍스처, 묻어나지 않음 측면에서 소구점이 있다.

베이스 제품 선택시 핵심포인트

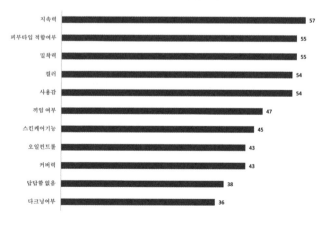

항목	수치
지속력	57
피부타입 적합여부	55
밀착력	55
컬러	54
사용감	54
껴임 여부	47
스킨케어기능	45
오일컨트롤	43
커버력	43
답답함 없음	38
다크닝여부	36

Mintel의 〈2022년 중국 메이크업 시장조사 보고서〉에 의하면 베이스 제품을 선택할 때 많은 소비자들이 우선시하는 것은 지속력과 피부 적합도였다. 자연스러운 피부 표현을 선호하고 베이스를 덧바르지 않는 중국 소비자 특성상, 하루 종일 다크닝과 무너짐 없는 지속력을 최우선시하는 편이다. 피부 타입에 맞는 제형과 컬러도 선택 기준이었다. 립 제품에서는 컬러는 구매 요인에서 최우선 순위였으며 심지어 신제품 구매를 촉발하기도 했다. 즉, 일단 시각적으로 만족스러워야 소비자들은 질감, 촉감, 주름 개선, 보습 효능과 같은 기타 요소들로 눈길을 돌렸던 것이다.

⑤ 광고 홍보와 추천

종전에는 소비자들이 기업의 광고나 홍보를 그대로 받아들이고 제품을 구매하곤 했다. 하지만 이른바 '내돈내산(내 돈으로 내가 산)' 제품에 관해 조목조목 파고드는 사용 후기들이, 가치 소비를 중요하게 생각하는 Z세대에게 화장품 선택의 중요 근거가 되고 있다. 제품 광고와 홍보 방식도 이런 흐름 속에서 변화하고 있다. KOL(왕훙)이 좋은 사례다. 1~2년 전만 해도 왕훙은 팔로워의 다양한 욕구를 충족시키기 위해 여러 분야의 제품과 콘텐츠를 다루었지만 고급 콘텐츠에 대한 수요가 증가함에 따라 지금은 한 가지 핵심 아이템과 콘텐츠에 주력하고 있다.

쇼트클립을 이용한 스토리텔링과 PPL도 새로운 광고·홍보 방법이다. 거기에서는 민낯을 드러낸 채 립스틱을 비롯하여 각종 제품을 이용한 메이크업 노하우를 알려주기도 하고 제품 사용 전후의 차이를 실제로 보여주는가 하면 관련 메이크업 제품을 홍보하기도 한다. 이런 광고·홍보 영상은 재미난 설정이나 스토리텔링을 기반으로 하고 여기에 자막과 음향 효과까지 더해져 제품 이미지를 다각적으로 각인시킨다. 또한 제품을 상시로 화면에 노출시키며 영상에서 곧바로 온라인 몰로 이동할 수 있게 해주는 '링크'를 갖고 있다.

⑥ 소비 가치관

소비 가치관에 따라 소비 행동에는 차이가 있다.

한중 양국의 소비 가치관을 분석한 결과를 보면, 대체로 한국 소비자는 소비의 경제적·사회적 가치를, 중국 소비자는 기능적 가치, 사회 규범적 가치(社会示范性价值), 유행적 가치를 중요시했다. 만족적 가치에서는 양국 소비자 사이에서 큰 차이가 발견되지 않았다.

사회 규범적 가치를 잘 보여주는 사례는, 몇 년 전부터 불고 있는 궈차오(国潮, 애국 소비) 열풍이다. 이 현상은 중국의 Z세대를 바탕으로 한다. 이들은 중국이 G2 반열에 오르기 시작할 무렵 태어났기에 자국에 대한 긍지가 남다른데, 이들이 소비의 주역으로 떠오르던 시기에 마침 중국의 기술과 문화를 기반으로 한 중국 특유의 제품들이 출시되기 시작했고 이들은 그런 제품에 열렬한 지지를 보냈던 것이다. 궈차오 열풍은 쉽사리 가라앉지 않으리라는 것이 많은 전문가들의 중론이다.

유행적 가치의 비중은 지역과 연령에 따라 차이가 있다. 3선 이하 도시에서는 10~20대가 유행적 가치에 민감하고 50~60대는 그렇지 않다. 1선·2선 도시에 거주하는 소비자들은 연령과 상관없이 유행적 가치를 중시하는 편이다. 이런 차이는 아마도 -1선·2선 도시들이 상대적으로 부유하다 보니- 거주자들의 소득 수준과 도시의 인프라 환경 면에서 차이가 있기 때문일 것이다. 소비 가치관은 최초 구매를 좌우하는 요소다. 재구매를 결정하는 기준으로서는 제품의 본질적 가치가 가장 중요한 것으로 나타났다.

중국 소비자는 이곳에서 화장품을 산다

① 화장품 유통경로 개요

중국 소비자는 다양한 채널을 통해 정보를 얻고 비교적 일정한 구매 패턴을 가지고 있다.

중국 화장품 유통도 크게 온라인과 오프라인 채널로 나뉜다. 코로나19 영향으로 인한 최근의 경기 부진 속에서도 온라인 판매는 안정적으로 유지되고 있고 지난 3년간 침체기였던 오프라인은 조금씩 회복되고 있다.

주요 오프라인 경로들은 백화점, CS채널, 마트(KA), H&B, 피부관리실, 브랜드 매장, 면세점, 편의점, 약국, 버티컬 매장 등이다. 오프라인 경로는 대면 서비스, 정품 보장, 시제품 체험, 직관적 디스플레이 등의 장점을 갖는다. 그러나 온라인 경로보다 가격이 비싸다는 치명적 단점이 있다. 나아가 테스트 제품의 교차 사용과 같은 위생문제, 구매 압박으로 인한 불쾌감 등이 단점으로 꼽힌다(왓슨스는 매장에서의 구매 유도 행위를 금지하겠다고 발표). 오프라인 경로는 여성들이 선호한다.

한편 남성들은 주로 온라인 경로를 이용한다. 대표적인 유형으로는 전통적 e커머스 플랫폼, 라이브 방송 내지 쇼트 비디오 플랫폼, 위챗 미니 프로그램, 해외 직구 내지 구매대행 웹사이트, 소셜커머스, O2O 플랫폼, 브랜드 공식 홈페이지 등이 있다.

온라인 플랫폼은 중국 3대 쇼핑 행사(3.8절, 6.18절, 쐉스이(11.11))를 배경으로 급성장했다. 그 이유는, 각 행사 기간 동안 온라인 구매에 대해 큰 폭의 할인을 비롯하여 많은 샘플과 사은품이 제공되었기 때문에 온라인 경로가 평소보다 훨씬 많이 이용되었던 데에 있다. 한편 몇 년 전부터는 이런 온라인 행사 기간에 오프라인 매장에서도 대규모 병행 할인 행사를 한다.

많이 이용되는 온라인 플랫폼들로는 티몰, 타오바오, 도우인(틱톡), 징둥, 콰이쇼우 등을 들 수 있다. 이 중 도우인 라이브 방송은 기타 플랫폼보다 후발주자(2019년 초)이지만 급성장하고 있다. 샤오홍수는 브랜드 시딩(Seeding) 플랫폼인데, 소비자들에게서 많은 인기를 얻고 있다. 사용자 중 여성 비중이 71%, 뷰티 콘텐츠 이용자 침투율은 70%에 달하며 실사용 후기를 업로드하는 KOC(마이크로 인플루언서)는 43%를 차지한다. 샤오홍슈가 조사 시점 6개월 전부터 제품을 구매한 사람들을 대상으로 확인해본 결과, 최근 화장품을 구매한 사람 중 90.6%는 KOL/KOC의 소개를 보고 시딩 제품을 구매했다. 동일한 조사 대상 중에서 5개 이상 시딩 제품을 구매하거나 사용한 이력이 있는 사람들은 42.1%였고 이들의 60%는 월 1000 위안(약 19만 원)가량을 화장품 구매에 지출한 것으로 나타났다.

샤오홍수 이외에도 브랜드 홍보와 제품 시딩을 위해 활용되는 온라인 플랫폼은 여러 가지가 있는데 각 플랫폼의 특장점은 다음과 같이 요약될 수 있다.

시딩 플랫폼 중 각 플랫폼이 장점

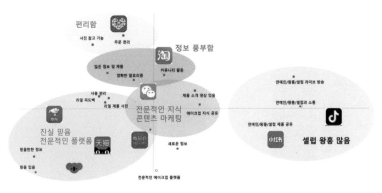

일반적으로 중국 기업들은, 사용자가 다수인 또는 사용자가 늘고 있는 플랫폼을 1~2개 선택해 집중하고 시장환경 변화에 따라 플랫

폼들을 수시로 변경하는 편이다.

② 유통경로별 점유율

코로나19 이전에는 오프라인 판매가 70% 이상을 차지했으나 대면 활동이 어려워지면서 온라인 판매가 급증하게 되었다. 2022년 경우, 57:43으로 온라인 판매가 우세했다.

유통경로별 점유율

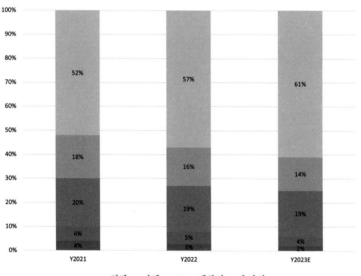

먼저 오프라인 경로를 살펴보자. 오프라인 판매에서 가장 큰 비중을 차지하는 경로는 CS(cosmetic store, 화장품 전문매장)채널이다. 한국의 예전 화장품 코너점(전문점)과 비슷한 형태인데 3선 이하 도시에 많이 분포되어 있다. 코로나19 기간에도 CS채널의 비중은 줄어들지 않았다. 주된 이유 중 하나는 피부 관리 등과 같은 고객 밀착형[친화적] 서비스에 있었다. 피부관리 서비스를 통해 고객들의 이탈을 붙잡아둘 수 있었고 나아가 고객 사이의 교류가 활성화되는 결과를 갖게 되었던 것이다. 그렇게 CS점은 일종의 '동네[마을, 공동체] 사랑방' 역할을 했다. 또한 중국의 CS채널은 방판 유통의 오피스로도 활용되기도 한다.

백화점 등 대형 쇼핑몰에 입점해 있는 화장품매장은 큰 폭으로 감소하고 있다. 2019년 약 15000여 개였던 매장들이 2022년에는 27% 감소하여 11000여 개 남아 있다.

그 반면 버티컬(vertical) 매장은 늘어나고 있다. 예를 들어 하메이(Harmay)는 주로 글로벌 브랜드의 샘플을 판매하는 창고형 매장이다. 상하이, 베이징 등 4개 대도시에 10개 매장을 개장했는데, 미니멀하고 트렌디한 공간, 매장 직원이 간섭하지 않는 편안한 분위기, 저렴한 가격 등이 매장 확산에 일조한 요인들이다. 참고로 하메이는 약 50억 위안(9500억 원) 가치를 인정받고 잇따른 투자를 유치하고 있다.

메이크업 제품을 전문적으로 취급하는 와우컬러(Wow Colour)와 컬러리스트(The colorist)도 각각 300개 이상의 매장을 운영한다. 화려한 매장 인테리어, 10, 20대 위주의 상품 포트폴리오, 저렴한 가격 등이 장점이다.

이번에는 온라인 경로를 살펴본다. 2019년까지 온라인 거래 경로로서 절대적 위치를 차지하던 플랫폼들은 티몰, 타오바오, 징동, VIP였는데, 그중 티몰과 타오바오 두 플랫폼이 70% 이상 차지했다. 그러나 이 둘의 영향력은 2022년 약 60% 정도로 줄어들었다. 이런 감소는 도우인(틱톡), 콰이쇼우(快手) 같은 라이브 판매 플랫폼들이 인기를 끌면서 발생하게 되었다. 그중 도우인은, 원래 30초 내의 짧은 동영상을 올리는 쇼트클립 플랫폼으로 광고를 수입원으로 했는데, 쇼트클립 동영상 구독자가 늘어나자 새로운 성장 모델로서 라이브 판매 방송을 시도했던 것이다. 2019년 초였다.

여기서 잠깐 중국인의 쇼트클립에 대한 열렬한 사랑을 훑고 넘어가는 게 좋겠다. 2022년 이동통신 이용자의 사용 내용을 보면, 쇼트클립 시청이 28%로서 가장 큰 비중을 차지한다. 매일 9억2천만 명이 쇼트클립 영상을 본다는 통계도 있다.

중국 전체 온라인 경로에서 라이브 판매 비중은 2022년 약 23%이다. 도우인은 쇼트클립 활성 사용자(6억 명)를 기반으로 빠르게 성장 중이며, 온라인 라이브 판매 시장에서 41%를 차지한다. 콰이쇼우(32%), 타오바오(27%)가 그 뒤를 잇는다.

　초저가 공동구매 콘셉트의 핀뚸뚸(拼多多)의 성장도 눈길을 끈다. 모조 제품만 판다는 초기 오명에서 벗어나 2021년 GMV 기준으로 45조 원, 그리고 연간 활성 사용자 7억8천만 명을 가진 플랫폼으로 성장했고 2018년에는 미국 나스닥에도 상장되었다.

　위챗(웨이신)도 이커머스 분야에서 성장하고 있다. 위챗 생태계라고 불릴 만큼 다양한 개별 플랫폼들이 위챗 내에 존재하는데, 대표적인 것들은 미니 판매 프로그램(샤오청시), 쇼트클립 동영상(스핀하오), 브랜드 공식 계정(공중하오), 콘텐츠 스토리(모멘트) 등이다. 알리페이와 중국 스마트 페이 시장을 양분하고 있는 위챗 페이도 위챗의 커머스 성장에 기여하고 있다. 샤오훙수도 커머스 기능을 갖추고 있지만 아직 활성화되어 있지는 않다. 화장품 성분을 알려주는 어플리케이션인 메이리수신도 최근 커머스 기능을 탑재했고 서비스 계약을 체결한 업체의 샘플을 체험용과 정기 구독 형으로 나누어 판매하고 있다.

　앞에서 설명한 핀뚸뚸, 위챗 등 신흥 채널의 온라인 시장 점유율은 2022년에 약 7%였다.

　중국 소비자가 새로운 브랜드나 제품을 구매할 경우, 온라인 경로(66%)를 오프라인 경로(34%)보다 훨씬 선호했다. 그러나 유명 브랜드 경우에는, 두 경로 사이에 차이는 거의 없었다(온라인 51%,

오프라인 49%).

중국은 온·오프라인을 막론하고 쇼핑 방식과 플랫폼이 많이 등장하기도 하고 빠르게 변한다. 한국 화장품 기업이 좋은 제품을 보유하고 있음에도 불구하고 중국 로컬 브랜드와의 경쟁에서 밀리는 이유는 바로 여기에 있다.

판매 플랫폼은 말 그대로 소비자가 모이는 곳, 즉 브랜드와 소비자의 접점이다. 소비자는 새로운 곳을 찾아 움직이기 마련이니 브랜드도 같이 따라야만 한다. 그래야 소비자와 조우(遭遇)라도 할 수 있다.

③ 유통 변화 전망

첫째, 중국 화장품 시장에서 온라인 비중은 더 늘어날 것이며 최대 60% 후반대가 될 것이다.

중국에서는, 한국·일본의 경우와 달리, 오프라인 환경이 발전하기도 전에 온라인 환경으로 바뀌고 있다. 이런 변화의 이면에는 지역 간 내지 도농(都農) 소비 격차 감소, 정부의 고용 증대 정책, 영토의 물리적 크기, 세계 최고 수준의 GPS 기반 배송 시스템, 6억 개 이상의 빅데이터에서 매일 생성되는 추천 알고리즘, 3대 쇼핑 행사 (3.8 부녀절, 6.18절, 쐉스이(11.11))를 중심으로 한 각종 기념일 행사 등이 작용하고 있다.

둘째, 전통 플랫폼에서 신흥 채널로의 분화가 가속화할 것이다.

현재 쇼트클립 동영상 플랫폼들은 온라인 거래량의 20%대를 차지하고 있으나 이 비중은 계속 늘어날 것이다. 예를 들어, 추천 알고리즘과 풍부한 콘텐츠를 무기로 빠르게 성장 중인 도우인 같은 경우는 6억 명 수준의 월평균 활성 이용자를 보유하고 있는데 그중 뷰티 관심자가 5억2500만 명에 달한다. 2021년 Q1부터 2022년 Q2까지 도우인의 뷰티 쇼트클립 재생과 콘텐츠 검색은 지속적으로 증가했다. 또 다른 쇼트클립 동영상 플랫폼인 콰이쇼우의 경우 현재 1억 명 이상의 사용자가 매일 라이브 방송을 시청하고 있으며 성장률은 34%에 달한다. 콰이쇼우 화장품 판매액은 2022년 기준 약 36.1억 위안이다. 위챗 커머스의 성장도 눈길을 끈다. 한국의 카카오스토리와 유사한 포맷인 샤오청시(小程序)는, 매장 방문이 어려운 고객을 대상으로 매장 직원들이 1:1 소통을 하면서 정서적 친밀감을 쌓아갔고 이를 판매로까지 연결시켰다. 이는 매우 성공적인 방법이었는데, 이랜드 중국법인이 샤오청시를 통해 코로나19 기간 중에도 이전과 유사한 판매 실적을 기록할 정도였다.

셋째, 온라인 플랫폼이 세분화하면서 브랜드사가 중점적으로 사용하는 판매 플랫폼 및 그 사용 방식도 변화하게 될 것이다.

채널 레이아웃의 관점에서 볼 때 글로벌 브랜드는 대개 티몰, 도우인, 샤오훙슈의 세 채널을 이용해 브랜드 이미지를 구축하고 매출을 도모하는 한편 로컬 브랜드는 도우인이나 티몰 중에서 한 채널을 선택해 '브랜드 노출 + 매출 전환'이라는 이중 목표를 달성하려는 편이다. 중국 시장에 대해 로컬 기업 스스로 자신하는 것과 브랜드 구축보다는 (단기)매출에 더 큰 비중을 두기 때문이라고 판단된다. 이는, 티몰을 기반으로 하던 다수의 로컬 브랜드들이 최근에 도우인으로 판매 채널을 변경한 사실로부터 확인할 수 있다. 도우인은, 동남아를 넘어 미국이나 남미 지역에까지 많은 이용자를 확보하고 있어, 중국 로컬 브랜드들이 해외 진출을 도모할 때에 가장 선호하는 플랫폼이다. 또한 도우인에서는 제품도 효과적으로 노출할 수 있어 시딩(seeding)효과를 얻기 위해 도우인을 선택하는 경우도 많다고 알려져 있다.

넷째, 오프라인 경로는 점차 회복되어 약 40%의 점유율까지 도달할 것이다.

그 이유는, 온라인의 발달이 편의성을 증가시키는 것과 동시에 피로감도 유발하고 있어, 오프라인 방법으로 물품을 구매하려는 니즈가 생겨나는 데에 있다. 즉, 온라인 경로들은 큰 폭의 할인, 대량의 샘플 내지 증정품으로써 소비자의 관심을 끌고는 있지만 화면 속 제품의 정품 여부를 장담하기 어렵다는 단점을 비롯해 개별적 대면 서비스(상담, 제품 설명 내지 추천, 제품 체험과 같은 고객 응대)를 제공하지 않는다는 단점과 온라인 소통은 대부분 신속하지 못해서 오히려 긴 시간이 소요된다는 단점을 갖고 있다. 오프라인에서는 이런 문제점들이 유발하는 피로감을 상당 부분 해소해줄 수 있다. 뿐만 아니라 친구나 가족과 함께 쇼핑을 하게 되므로 일행과의 정서적 친밀감을 북돋을 수 있다.

다섯째, H&B(health & beauty) 스토어와 CS(cosmetic store) 채널은 더욱더 변신할 것이다.

H&B 스토어의 경우는 왓슨스의 사례에서 볼 수 있다. 왓슨스는 중국 전역에 약 4000개의 매장을 가진 업체로서 H&B 스토어의 대표주자인데 코로나19 기간인 2021년 전년 대비 약 14%의 매출 성장(3조5856억 원)을 기록한 바 있다. 왓슨스는 고객이 물품을 온라인으로 주문·결제 후 매장 방문 또는 배송으로써 수령하는 방식으로 변화하고 있는데, 이를 'O2O 비즈니스 모델'이라 부른다. 여기에는 매장에서의 제품 체험과 일부 매장에 한정되긴 하지만, 피부관리 서비스도 포함된다. 왓슨스는 O2O매출 비중이 2022년 전체 실적의 40%에 달한다고 발표한 바 있다.

한편, CS채널은 중국 전역에 약 13만 개 존재한다. 이곳은 주로 로컬 브랜드를 취급하지만, 한국 화장품의 중국 내 주요 유통경로이기도 했다. 이곳에서는 점장과 판촉사원의 권유가 판매에 큰 영향을 끼친다. CS채널의 중요성을 간파한 로레알은 CS대상 맞춤형 운영 전략을 확대추진하고 있다(점주 대상 세미나, 판촉사원 고용, 지역별 프로모션). CS채널은 앞으로 주민과의 사랑방, (간이)피부 관리실, 방판 오피스 등과 같은 멀티 뷰티 채널로 진화해 가리라 예상된다.

마지막으로, 오프라인에서도 다양한 전문 매장이 생겨날 것으로 예상된다.

앞에서 언급된 하메이, 더 컬러리스트, 와우컬러가 대표적 경우며 특정 분야만 전문적으로 취급하는 히트(Heat), 노이지(Noisy) 등과 같은 유사 매장도 많이 등장하고 있다.

신흥 채널들은 1020세대를 대상으로, 화려하거나 미니멀한 인테리어를 이용해 친근하고 편안한 쇼핑 분위기를 연출하며 저렴하고도 개성 있는 브랜드와 제품을 판매한다.

3장

高농축, 高효능
마케팅 앰플

득당이취(得當移取)

"남에게서 좋은 것을 얻어서 내게로 옮겨 와라."

절장보단(截長補短)

"너무 긴 것은 자르고 아주 짧은 것은 보태어 알맞게 가져다
쓰면 유익이 된다."

- 다산 정약용

작은 물결이 겹겹이 쌓여 큰 파도를 이룬다
하얀 포말이 부서지기 전에 제대로 봐야 한다.

2030만이 아니다. 5060 감성을 건드려라

'포지셔닝(Positioning)'이란 (잠재)고객의 마인드에 어떤 영향을 가함으로써 브랜드와 제품을 차별화하는 것이다.

포지셔닝은 업계 리더로서든 후발주자로서든 방향을 설정할 때에도, 새로운 브랜드와 제품을 준비할 때에도, 소비자 인식 속에서 자신이 또는 브랜드가 어떤 위치를 차지해야 바람직한가를 결정하는 데에 있어 필수적이다.

포지셔닝의 기본 접근은 커뮤니케이션 활동을 통해 이루어진다. 그런데 우리의 뇌는 커뮤니케이션 메시지를 다 받아들이지는 못해서 단순화시킨 다음 선택적으로 저장한다. 때문에 완전히 새로운 것을 주입하는 것보다 이미 소비자 마인드 속에 들어있는 것을 변형·조합·연결해서 커뮤니케이션 메시지를 작성해야 저항없이 기억되고 인식될 수 있다.

바로 이런 이유로 특정 세대를 타겟팅하는 것이 중요하다.

독일의 사회학자 카를 만하임(Karl Mannheim)은 세대를 '동일한 시간과 공간에 의해 동질성을 형성함으로써, 자신들만의 특별한 방법으로 행동하는 집단'으로 정의했다.

특정 세대가 집단적으로 공유하는 특정 경험은 -공동의 의식이나 가치관으로 발전하여 구성원 개인의 마인드 속에 내재되기 때문에- 커뮤니케이션 메시지의 침투력과 브랜드 정체성에 대한 인식을 가늠하는 데에 영향을 끼친다.

'MZ세대 모셔라, 막 오른 유통업계 모시기 경쟁'

'MZ세대 타겟, 가치 소비 떠오른다'

'이제는 잘파세대(10, 20대) 공략에 나선다'

오직 MZ세대 내지 2030세대만 사는 세상인 듯한 착각이 들곤 한다. (이제는 10대까지 가세했다.) MZ 세대는 현재 소비 트렌드를 주도하고 있으며 10년 후에는 (가처분)소득이 매우 클 세대임이 분명하다. 또한 태어나면서부터 디지털 환경에서 성장한 탓에 그들의 소통 방식과 인간관계는 SNS 채널 등을 비롯한 온라인 수단을 기반으로 한다. 따라서 학연, 혈연, 지연 중심의 이전 세대와는 확연히 다르다. 하지만 이 2030보다 더 중요한 세대가 있다. 바로 5060, 액티브 시니어 세대다. 한국과 중국의 인구에서 각각 30.7%, 29.5%를 차지하는데 2030세대보다 약 5% 포인트 많다. 이들은 시간적·경제적 여유가 있고 사회활동이나 자기를 위한 소비에도 적극적인 세대면서 인류 역사상 가장 높은 사회경제적 풍요를 누리는 세대다.

다음에서는, 중국 3~4선 도시에 거주하는 5060 세대에게 '좋은 화장품을 매일 믿고 살 수 있는 편안함'으로 포지셔닝되어 있는 브랜드를 소개한다.

黛莱皙(따이라이씨)

중국에서도 아줌마들의 수다는 시공(時空)을 초월한다.

광범위하고 밀도 있는 얘기들이 시끌벅적하게 끊임없이 쏟아져 나온다. 57세의 '따이라이씨' CEO 孙书梅(이하 '순종'이라 칭한다)는 이러한 아줌마의 수다 본능을 살려 자신의 인생 이야기를 진솔하게 풀어낸다. 현재 순종은 라이브 방송 플랫폼 '콰이쇼우(快手)'에서 화장품을 판매하고 있다.

시골마을에서 태어난 그녀는 파란만장한 삶을 살았다. 병든 아버지의 약값조차 댈 수 없던 가난한 환경 때문에 초등학교만 졸업하고 부모를 도와 두부를 팔았고, 부모로부터 독립한 후에는 옷과 화장품을 팔아 생계를 이어갔다.

그녀는 34살에 첫 남편과 이혼했다. 이혼 후 세 아이와 떠돌며 온 갖 일을 했다고 한다. 그러다 어느 날 수선가게에서 지금의 남편을 만났고 당시 18세였던 남편의 끊임없는 구애 끝에 그와 결혼해서 마흔에 넷째, 마흔 둘에 다섯째 자녀를 낳았다. 그녀는 지하차고에 서 사업을 시작한 지 5년 후 '따이라이씨'라는 지금의 브랜드를 설 립했다. 그 후 사업은 순항하였고 최근에는 상하이 최고가 지역인 와이탄에 1200평 규모의 매장을 오픈했다. 와이탄의 고층 옥외 광 고판에서도 '따이라이씨'를 만날 수 있다.

따이라이씨 와이탄

순종은 '동네 아줌마' 같은 친근한 분위기로 자신의 숨기고 싶은 과거를 라이브 방송에서 솔직하게 풀어낸다. 사람들은 그녀의 인간 적 매력에 끌려 각자의 인생 고민을 털어놓고 강한 유대감을 갖게

된다. 순종의 16살 연하 남편과 자녀들 또한 라이브 방송에 출연해서 이야기를 더욱 풍부하게 만들어 낸다.

일반적으로, 화장품 판매를 위해서는 높은 수준의 지식이 요구된다. 신생 브랜드에게는 더욱 그러하다.

그러나 초등학교 졸업이 전부인 순종은 이런 지식을 필요로 하지 않았다. 오히려 '전문지식 제로(zero)'가 따이라이씨의 '눈높이 소통법'이다. 9년제 의무 교육이 시작(1986년)하기 전에 출생한 5060세대에게는 화장품의 다양한 기술이나 성분은 전반적으로 매우 낯설고 알기 어렵다. 저선(底線) 도시의 거주자들에게는 더욱더 그렇다. 2022년 기준, 농촌 마을의 학력 수준은 중졸 50%, 초졸 32%에 불과하다.

따라서 이러한 5060세대에게 따이라이씨는 어려운 용어를 사용하지 않는다. 대신, 라이브 방송에서 직관적인 제품 시연과 이해하기 쉬운 언어를 사용하여 이야기를 풀어낸다.

판매 제품은 주로 스킨케어이며 가격도 고객 수준에 맞춰 세트는 평균 3~4만 원대다. 팔로워 수는 콰이쇼우 메인 계정만으로 2880만이고 전체적으로는 4000만이 넘는다.

2022년 따이라이씨 매출은 10억 위안(약 1900억 원)을 넘어섰다.

중국의 3선 이하 현급 도시 2천825개, 향진(읍, 면 해당) 4만466개의 거주 인구는 약 10억 명이다. 이들은 소비시장의 38%를 차지하며 이들의 소비 규모는 1~2선 도시 거주자들의 경우보다 빠른 증가세를 보이고 있다. 중국 정부도 이들 지역에 대한 다양한 소비 장려책을 통해 내수 활성화를 꾀하고 있다. 중국은 지역적으로 다양성과 특수성을 갖고 있고 라이프 스타일에도 차이가 있다. 시장을 세분화해서 펼쳐놓고 보면 또 다른 따이라이씨를 적어도 33개 이상 (중국은 크게 34개 행정구역으로 구성) 마주할 수 있을 것이다.

시골 촌장 브랜드가
MZ 대표 브랜드로 탈바꿈한 비법

구찌, 이브생로랑, 버버리, 라코스떼, 휠라, 리바이스의 공통점은, 쇠퇴했다가 부활한 브랜드라는 데 있다.

창업자 가문의 갈등(영화 '하우스 오브 구찌'의 배경), 무분별한 라이선스, 무리한 사업 다각화와 상품 확대, 전통만 고집한 디자인, 현재의 소비 방식에 대한 무관심 등 그들이 쇠퇴한 이유는 각각 다르지만 부활 이유는 세 가지로 축약할 수 있다. 인적 교체, 전통과 현대의 균형[조화], 제품·판매·소통의 현대화가 그것이다.

먼저, 앞서 열거한 브랜드들은 모두 CEO나 COO를 교체했다. 쇠퇴한 이유가 사람에 있었기 때문이다.

여기에, 로고와 같은 아이코닉 디자인을 만들어낼 때 전통은 계승하면서 화려하고 시크한 최신 스타일이나 현대적 디자인을 접목하여 조화를 만들어 냈다. 이런 연장선에서 이브생로랑은 생로랑

파리로 브랜드명까지 교체했고, 휠라는 핵심 고객층을 10대에 집중했으며, 구찌는 성소수자(LGBT)를 고려하는 조치를 취했다. 그리고 앞에서 언급한 브랜드 모두 감성 중심의 아날로그 소통방식에서 20~30대를 겨냥해 모바일 라이브 패션쇼 등의 디지털 커뮤니케이션으로 전환했다.

VMD 전문가인 이랑주 박사는 브랜드의 가치는 오늘의 방식으로 소비되지 않으면 사라진다고 강조했다.

즉, 소비란 단순히 물건을 사는 행위가 아니라 자신의 정체성을 표현하는 방식이다.

남의 시선을 구매하고 격식을 중요하게 여기는 것이 어제의 소비 방식이었다면, 자신의 가치관과 신념을 나타내는 소비가 오늘의 방식이다. 그래서 '과시적 비(非)소비'도 현대적 소비 방식의 한 가지다. 나아가 매장에서가 아니라 증강현실(AR)이나 메타버스 속에서 제품을 테스트해보고 온라인으로 구매하는 것이 현재의 방식이다. 제품의 좋고 나쁨을 주변에 속삭이던 어제의 방식은 이제 무의미해졌다. 온라인 커뮤니티를 통해 좋은 것은 '돈쭐'날 수 있도록, 나쁜 것은 '혼쭐'나게 만드는 것이 오늘의 방식이다.

중국 브랜드 1세대 중 쇠퇴했다가 MZ가 사랑하는 대표 브랜드로 탈바꿈한 사례를 살펴본다.

珀萊雅(프로야)

'醒獅少女(성사소녀)'라는 타이틀의 광고 영상이 있다.

이것은 중국 전통 사자춤 명칭인 '醒獅(성사)'와 일반명사 '소녀'를 합친 말이다. 사자 모양의 탈을 2명이 뒤집어쓰고 추는 2인 1조의 춤인데, 앞사람은 사자 머리 쪽에서, 뒷사람은 꼬리 부분에서 음악에 맞춰 동작을 한다.

무거운 탈을 쓰고 무술 동작이 겸비된 춤을 춰야 하기 때문에 보통은 남성 위주로 구성된다. 그 외에도, 사자춤을 여성에게 금기시하는 시선도 존재한다. 예컨대 지난 2019년 여성으로 구성된 어떤 사자춤 공연단에서 멤버 전원이 공연 중 돌연 남성으로 교체된 사건(?)이 발생했다. 여성이 사자춤을 추면 풍수를 해친다는 말 때문이었다.

이 실화를 바탕으로 앞서의 광고 영상이 시작되며, "여성에게도 파워·땀·사자의 용맹함이 있고, 남성에게도 부드러움·섬세함·장미의 화려함이 있을 수 있다"라는 자막과 함께 여성 공연단의 강인한 모습들이 등장한다. 영상은, 2021년 광저우 청소년 사자춤 공연에서 여성 공연단 '醒獅少女'가 금상을 획득한 것으로 마무리된다.

화려한 사자춤을 배경으로 주체적인 여성을 지지하는 메시지를 담은 이 영상은 많은 여성들로부터 큰 호응을 얻으며 이슈가 되었

다. 이것은 프로야의 마케팅 캠페인 중 하나로 3.8부녀절(중국식 여성의 날) 기념으로 제작되었다. 캠페인 명은 "性别不识边界线, 偏见才是(성별은 경계선이 아니다. 편견이야말로 경계선이다)"였다. 남녀의 경계는 성별이 아닌 편견에 의해 생겨난다는 뜻이다.

　프로야는 위와 같이 핵심 타겟인 젊은 여성의 관심 주제와 그들이 공감할 수 있는 메시지를 결합하여 캠페인을 만든다.

　2019년부터 "趁年轻, 去发现(젊었을 때 발견하라)"라는 슬로건과 함께 젊은 층이 즐겨 보는 예능과 드라마에 대량으로 PPL을 내보내며 젊은이들과 소통하기 시작했다. 이때가 바로 프로야가 MZ세대가 좋아하는 브랜드로 부활하기 시작한 시점이다. 이전의 프로야는 별다른 특색 없는 차분하고 오래된 느낌의 이미지였다. 어머니날 기념으로 만들어진 '仅妈妈可见(엄마만 볼 수 있다)'라는 테마 영상도 화제였다. 여성의 독박 육아에 대한 사회적 관심을 이끌어내어 또 다른 여성 소비집단인 젊은 엄마와의 공감대를 형성했던 것이다

프로야는 여성과 관련된 시대 담론을 캠페인 메시지에 담아 이슈화함으로써 젊고 세련된 브랜드 이미지로 탈바꿈하였을 뿐만 아니라 유통에도 커다란 변화가 일어났다.

판매의 중심이 오프라인에서 온라인으로 바뀌었고 2022년 그 비중은 85%에 이른다. 이는 업계 최고 수준이다. 제품도 변모했다. 패키지 디자인에 역동적 느낌의 장식성을 담아 디자인을 전체적으로 리뉴얼했다. 그 후 출시된 여러 상품들이 크게 인기를 끌었는데, 디자인 개선이 그런 인기몰이와 아주 무관하지는 않을 것으로 생각된다.

대표적인 것이 더블 안티에이징 세럼이다. 이 제품의 콘셉트인 '무C晩A'은, MZ세대의 유행어인 '아침에는 커피(Coffee)로 잠을 깨우고 저녁에는 술(Alcohol)을 마신다'를 응용한 것이다. 즉, 아침에는 비타민C로 미백을, 저녁에는 비타민A로 리페어를 한다는 뜻이다.

창립 초기 제품 / 최근 제품 (출처 : 프로야 홈페이지)

이 제품을 론칭할 때 때마침 '멀티 안티에이징의 바람이 불기 시작하면서' 폭발적인 인기를 끌었다.

연도별 쑹스이 화장품 Top10

排名	2022年 (10月24日20:00—11月11日23:59)	2021年	2020年	2019年	2018年	2017年	2016年
1	欧莱雅	雅诗兰黛	雅诗兰黛	欧莱雅	兰蔻	百雀羚	百雀羚
2	雅诗兰黛	欧莱雅	欧莱雅	兰蔻	OLAY	自然堂	欧莱雅
3	兰蔻	兰蔻	兰蔻	雅诗兰黛	欧莱雅	兰蔻	SK-II
4	OLAY	WHOO/后	WHOO/后	OLAY	雅诗兰黛	雅诗兰黛	一叶子
5	珀莱雅	资生堂	OLAY	SK-II	SK-II	SK-II	自然堂
6	蒂诺娜	蒂诺娜	SK-II	自然堂	百雀羚	OLAY	雅诗兰黛
7	资生堂	OLAY	雪花秀	百雀羚	自然堂	欧莱雅	韩束
8	SK-II	SK-II	资生堂	WHOO/后	HFP	一叶子	佰草集
9	悠图可	海蓝之谜	蒂诺娜	完美日记	蒂诺娜	悦诗风吟	OLAY
10	海蓝之谜	赫莲娜	海蓝之谜	蒂诺娜	悦诗风吟	资生堂	兰蔻

近7年双11天猫美妆品牌TOP10

数据来源：根据公开信息整理；
数据周期：除2022年，其他年份均为当年11月1日—11日

출처 : 티몰

MZ세대의 소비 방식에 부합하는 다양한 마케팅 캠페인, 그들의 라이프스타일을 반영한 제품 개발, 온라인으로의 유통 전환 등 끊임없는 변화와 노력으로 프로야는 2022년 쑹스이(11.11) 기간에 화장품 전체에서 매출 5위를 달성했고 이로써 처음으로 Top10 순위권에 진입했다. 이는 MZ세대가 좋아하는 중국의 대표 브랜드로 완벽하게 변신했다는 의미이기도 하다.

창업자 허우준청(候军呈)은 마을 촌장 출신으로 1990년대 중국 로컬 브랜드의 대리상(점)으로 시작해 2003년 항저우에서 프로야를 창업했다. 프로야는 처음에는 카피 제품을 만들어 판매했고 쯔란탕(自然堂), 상이번차오(相宜本草)와 같은 1세대 로컬 브랜드로서 두각을 나타냈다. 그러나 2010년대에 많은 신생 브랜드가 출현하자 경쟁에서 밀려나게 되었고 이에 한계를 느낀 허우준칭은 스킨케어 연구소를 설립, 차별화된 제품을 개발하는 데에 많은 투자를 했고 영업, 마케팅 실무는 처남에게 위임했다.

화장품 관련한 스타트업 투자도 활발했다. 제품개발과 생산을 프로야가 맡는 조건으로 지금까지 약 13개 기업에게 천억 원 가까이 투자를 했다.

프로야화장품은 간판 브랜드인 '프로야'를 포함, 8개 브랜드를 보유하고 있고, 2022년 매출은 1조1654억 원(63.8억 위안)이다. 코로나19 발생 시점인 2020년의 매출액인 6848억 원(37.5억 위안)에 비해 70% 이상 성장한 것이다. 상장하던 때(2017년) 15.9위안이던 주가는 현재 8배 오른 121위안 수준이다.

프로야 사례가 우리에게 시사하는 바는 크다. 그동안 한국 화장품 기업들은 중국 비즈니스에 있어 주로 유통(총판)에만 의존해 왔기에 소비자와의 소통이나 관계 구축은 후순위로 밀려나 있었다. 심지어 총판 유통사에게 마케팅까지 일임한 경우도 적지 않았다. 그러나 브랜드에 대한 소비자의 애정과 신뢰가 형성되지 않은 제품

의 생명력은 짧을 수밖에 없다. 아직 잔불이 남아있을 때 다시 지펴
야 한다. 그저 바람이 불기만을 기다리기엔 시장이 너무 바뀌었다.

03

한 놈만 팬다

"난 한 놈만 패!"

영화 '주유소 습격사건'에서 배우 유오성의 대사이다.

작정하고 한 놈만 공격하니 상대편의 누구도 얼씬도 못 했던 장면이 기억난다.

'전국 3대 빵집'이라 불리는 군산 이성당, 대전 성심당, 안동 맘모스 제과도 '한 놈'만 집중 공략해서 오늘에 이르렀다. 단팥빵, 튀김소보로빵, 크림 치즈빵은 각각의 빵집을 대표한다. '대대로 물려 내려온 오래된 점포'라는 의미의 노포(老鋪)도 대개 '한 놈'만 팬다. 중국 상하이에 있는 왕바오허지우지아(王宝和酒家)는 270년 넘게 '게' 요리만 전문적으로 다루고 있다. 인앤아웃버거, 람보르기니는 소수 품목을 선택해 고급화에 집중한다. (이는 맥도날드, 폭스바겐, 벤츠

와의 전면적인 경쟁을 피하기 위함이기도 하다.)

한편, '한 놈'이 지역인 경우도 있다. 강남역 주변과 상하이 도심을 위성 사진으로 확인해보면 스타벅스 매장들이 마치 개미떼처럼 밀집해 있음을 알 수 있다. 지역 집중화 전략인 것이다.

차별화 전략과 원가 우위 전략이 전체 시장을 대상으로 하는 반면 집중화 전략은 특정한 세분 시장을 겨냥하는 것으로서 업체가 전면적 경쟁에 뛰어들기 어렵거나 자원 부족을 겪는 경우에 선택하는 전략이다. 세분 시장은 여러 범주(예 : 세대, 지역, 소득)로 다양하게 구분할 수 있다.

마케팅 관점에서 집중화 전략의 핵심은 '목표 소비자들을 습관화시켜 자연스럽게 입소문이 퍼지게 하여 시장을 확대하는 것'이다. 스타벅스가 유동인구가 많은 곳에 매장을 집중하는 이유는 바로 거기에 있다.

화장품은 대표적인 다(多)품목 업종이다. 하지만 리퀴드 립에만 집중해서 화장품 시장의 다크호스로 떠오르고 있는 브랜드가 있다.

Into you(인투유)

중국인의 메이크업 스타일은 의외로 다양하고 다채롭다. 특히 상하이 거리에서는 -국제적 도시답게- 본인의 개성을 뚜렷하게 드러내는 젊은 사람들을 쉽게 볼 수 있다. '남을 신경 쓰지 않는다'는 중국 실용주의 성향도 스며 있는 듯하다. 남의 시선을 많이 의식하는 한국 사람들의 '어디서 본 듯한 스타일'과는 사뭇 다르다.

리퀴드 틴트는 비교적 가격이 낮고 다양한 룩이 가능하기 때문에 젊은 층이 접근하기 쉬운 카테고리다. 그래서였을까, 2019년도 무렵 마치 19세기 미국의 골드러시가 연상될 만큼 중국 로컬 브랜드들은 리퀴드 틴트 시장으로 몰려들었다.

중국 로컬 브랜드들의 기본 전략은 '미투(Me, Too)'이다.

거대 시장, 지역적 다양성, 모방 상품에 대한 낮은 법적 리스크, 빠른 시장진입 등을 고려했을 때 유효한 전략이라고도 할 수 있다. 하지만 소비자 입장에서는 그런 제품들은 모두 엇비슷해 보일 수밖에 없다.

Into you는 이러한 시장환경 속에서 자신만의 제형을 내놓아 젊은 세대의 아이콘으로 발돋움했다.

Into you의 스타 제품은 '립머드(唇泥)'이다. 말 그대로 머드처럼 부드럽게 발리며 발색력과 보습감 모두 만족시킨다. 2020년 이 제품이 대박을 터트리자 사용감을 변형한 후속 제품들을 연속적으로 출시하여 립머드 카테고리를 만들어 냈다. 립머드의 특이한 사용감과 고급스러운 피니시 룩은 독특한 스타일을 추구하는 젊은 소비자층에게 들어맞았다. 제형의 특징을 드러내는 '머드'라는 네이밍도 한몫했는데 특히 제품의 중국어 발음(脣泥, 춘니)이 간결하고 깔끔해서 제품을 기억하기 쉽게 만들었다. 그 결과 2020년 4월에 출시된 립머드 제품은 8개월 만에 5700만 위안(약 108억 원)의 매출을 올리기도 했다. 당시 중국 리퀴드 틴트 시장의 선두 브랜드였던 퍼펙트 다이어리와 컬러키가 립머드 트랙에 후발주자로 진입할지, 신규 립 카테고리를 만들어낼지를 두고 고민했을 만큼, Into you는 무서운 성장세를 보였다.

2021년 6.18행사 하루에만 3500만 위안(약 66억 원)의 매출을 기록했고 그 달에 3000만 위안(약 57억 원)의 투자를 받았다. 이후 Into you는 베이스 제품도 출시했지만 립머드처럼 성공을 거두지는 못했고 다시 초심으로 돌아가 립 제품에만 집중했다. 2022년 솽스이(11.11) 때에는 시작한 지 6분 만에 2500만 위안(약 47억 원)어

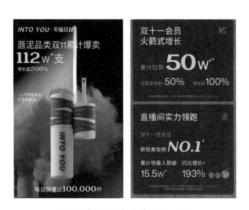

2022년 솽스이 판매 (출처 : 티몰)

치를 판매했으며, 전체 행사 기간 동안에는 약 112만 개를 판매해서 총 1억6500만 위안(약 313억 원)의 매출을 올렸다. 열흘 동안 매일 10만 개 이상을 판매한 셈이다.

Into you의 창업자 치엔주(陳橘)는 일본에서 경영학을 전공한 '93년생 여성이다. 2019년 그녀가 남편과 함께 회사를 설립할 당시 화장품 개발에 관한 경험은 전무했다. 그녀는 한국 제품을 좋아했기에 당시 구매대행을 하며 시중에 있는 립 제품을 모두 사서 발라봤는데 그러다 자기만의 브랜드를 만들고 싶다는 생각을 갖게 되어 사업을 시작하게 되었다 한다. 한편, 그녀는 여전히 한국의 립 제품을 좋아해서 설립 때부터 지금까지 코스맥스를 포함해서 한국 ODM사를 통해 제품을 개발하고 있다. 2023년에는 한국 아이돌 그룹인 (여자)아이들의 우기를 광고모델로 발탁하기도 했다.

10년 전 한국 마스크 시트는 지금의 립틴트에 비견될 만큼 중국에서 폭발력이 있었다. 사람들은 즉각적 효과와 합리적 가격에 열광했고 그것이 중국 시장 내에서 한국 화장품의 폭발적 호황을 매개했다. 그사이 중국에서의 마스크 팩 매출 규모는 전체 화장품 시장의 5%를 차지할 만큼 커졌다. 하지만 지금 그 자리는 로컬 브랜드들이 차지하고 있다.

중국 소비자에게 한국 마스크 팩은 '형태'로만 인식되었다. 브랜드마다의 차별적 '이미지'는 거의 없었던 것이다.

단지 특정 '형태'가 특정 제품으로 인식되던 상황에서 중국 브랜드들은 가성비를 내세운 '같은 형태'의 제품으로 손쉽게 파고들었다.

Into you는 이를 타산지석(他山之石) 삼았다. 그래서 Into you만의 제품 이미지를 만들기 시작한 것이다.

04

고객과 경쟁한다?

스크린 골프장에 가보면 놀랄 때가 있다.

세계 곳곳 골프장의 선택이 가능하고 화면 속의 페어웨이, 헤저드, 풍향, 풍속, 퍼팅 라인의 경사까지 해당 필드를 그대로 재현한 것처럼 보이기 때문이다. 골프존은 '골프의 모든 것이 통하는 플랫폼 기업'이라고 스스로의 업(業)을 재정의했다. 그에 걸맞게 골프존은 세계 38000여 개 골프장의 코스 DB를 보유하고 있고 주간 평균 100개 이상의 골프 코스를 업데이트한다. 단순한 놀이공간으로서의 실내 스크린 골프장 수준에서 벗어난 것이다.

게임업체 닌텐도를 자신의 경쟁자로 설정하기도 했던 나이키가 '디지털 헬스케어'로 업을 재정의한 것은 잘 알려져 있다. 그 후 나이키는 센서를 결합한 런닝화, 건강 체크가 가능한 퓨얼 밴드 등과 같이 IT를 건강관리에 접목한 기능성 스포츠용품을 출시하고 있다

이렇듯, 경쟁이 심화되고 저성장 경제가 고착되면서 업의 재정의를 통해 체질을 개선하겠다고 선언하는 기업이 늘고 있다.

그러나 업의 재정의는 신규사업 종목을 추가하는 것과는 근본적으로 다르다. 업의 재정의의 기본은 기업이 잘하는 분야에서 새로운 성장동력을 찾는 것이다. 물론 본래 분야가 아닌 성장 가능성이 높은 다른 분야에서 찾을 수도 있지만 그것은 많은 자본과 시간의 투자를 전제로 해야 한다.

업을 재정의하게 되면 시장, 고객, 경쟁사 또한 재정의되면서 기존 고객과의 경쟁이 불가피할 때가 있다.

특히 B2C와 B2B사업이 오버랩되면서 나타나는 경우가 많다. 예를 들어 매일유업은 인구감소와 출산율 저하로 유가공 매출이 감소하자 커피와 건강식품 시장에 진출했는데 그 결과로 커피용 우유나 치즈 등을 납품해온 커피 판매업체, 건강식품업체와 경쟁관계에 빠져들게 되었다. 하지만 바리스타 '폴바셋'과 협업한 커피 사업은 프리미엄 커피 브랜드로, 건강식품 사업은 성인 영양식과 단백질로 포지셔닝해서 고객과의 직접 경쟁은 피하는 동시에 전체 시장을 키움으로써 경쟁이 유발하는 위험요소들을 차단하고 있다.

메모리 반도체와 스마트폰 세계 1위인 삼성전자와 파운드리 반도체 세계 1위인 대만 TSMC의 차이점은, '종합 전자, 반도체 기업'과 '고객과 경쟁하지 않는다'라는 업의 정의에서 찾을 수 있다.

이와 관련하여 '히알루론산' 원료 생산 세계 1위 기업이 스킨케어 화장품 시장에 안착한 사례를 살펴본다.

华熙生物(BLOOMAGE BIOTECH)

중국에는 유명한 '히알루론산' 여왕이 있다. 바로 华熙生物(이하 BLOOMAGE BIOTECH라고 칭한다)의 창업자 짜오옌이다. 히알루론산 성분은 최근 몇 년간 한국과 중국뿐 아니라 글로벌 시장에서 스테디 성분으로 자리를 잡았다. 그런데 히알루론산의 여왕이라?

중국은 세계 히알루론산 최대 생산국이자 수출국으로 2020년 수출량은 490톤으로서 전 세계 교역량의 81.6%를 차지했다.

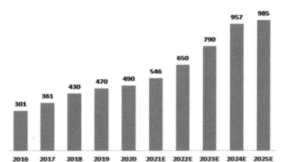

중국 히알루론산 원료 수출량(단위: 톤)

자료: Frost&Sullivan

그 490톤 중 거의 절반('20년 기준 44%)을 BLOOMAGE BIOTECH

가 생산한다. 하지만 BLOOMAGE BIOTECH의 매출에서 히알루론산 원료 사업이 차지하는 비중은 18%에 불과하다. BLOOMAGE BIOTECH의 사업 포트폴리오는 사실 원재료, 의료 미용, 기능성 식품, 화장품으로 구성되어 있다. 2021년 경우 총매출은 49.5억 위안(약 9400억 원)이고 화장품 사업이 그중 67%를 차지했다. (참고로 창립자 짜오옌은 2017년 《포브스》지에 China 100 TopBusinesswomen List에 올랐으며, 2022년에는 China's 100 Richest에서는 63위를 차지했다. 생물학을 전공한 짜오옌은 2001년 순자산의 1.5배 가격으로 BLOOMAGE BIOTECH의 지분 50%를 인수했다.)

BLOOMAGE BIOTECH가 화장품 시장에 진입한 것은 2014년부터다. 초기에는 존재감이 미미했으나 2019년경부터 화장품 사업이 고속 성장하기 시작했다. BLOOMAGE BIOTECH에는 모두 5개의 화장품 브랜드가 있다. 그중 BIOHYALUX가 가장 성공적인데 2021년에는 12억 위안(약 2280억 원)을 달성하여 회사 화장품 매출의 36%를 차지한다. 히알루론산 원료를 공급하는 화장품 업체와도 마찰 없이 성장하고 있다. 그 이유 중 하나는 카테고리에 있었다. BIOHYALUX은 일반 스킨케어 브랜드와 달리 블리스터(blister) 타입의 앰플과 몇 가지 마스크 판매에 주력하고 있다. 로션, 크림 등의 제품도 있기는 하지만 구색을 맞추는 차원에 지나지 않았다.

출처 : 华熙生物 홈페이지

BLOOMAGE BIOTECH 화장품 사업이 고속 성장한 배경에는 과감한 투자가 있었다. 보통 B2B 회사는 소비자 대상의 마케팅을 필요로 하지 않기 때문에 제품 개발과 생산에만 집중한다. 하지만 BLOOMAGE BIOTECH는 중국 로컬 화장품 메인 3사 중 가장 많은 비용을 마케팅에 투자하고 있다. 2022년 현재 30.4억 위안(약 5700억 원)을 집행했으며, 그중 온라인 프로모션 비용이 53.9%를 차지한다.

BLOOMAGE BIOTECH 마케팅 비용

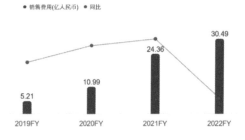

출처 : 웨이보

이 금액은 화장품 매출의 약 70%, 전사 매출의 50% 규모에 해당된다. 그럼에도 BLOOMAGE BIOTECH의 회사 전체 영업이익률은 10%를 넘는다. 그 이유는 히알루론산 원료 생산의 뛰어난 가격 경쟁력과 화장품의 직영판매 방식이 존재하기 때문이다. 결과적으로 B2B의 정형화된 방식에서 탈피한 BLOOMAGE BIOTECH의 과감한 B2C 투자는 큰 매출 성장과 화장품 시장에의 안착으로 이어졌다.

업의 재정의가 활발해지면서, 과거 암묵적으로 형성되어 왔던 업종별 장벽은 이제 무의미해졌다. 이는 유통업에서 두드러지게 나타난다. 올리브영, 왓슨스, 세포라는 10~20개의 PB 브랜드로 1000여 종의 제품을 판매한다. 이마트 PB 브랜드인 자주(JAJU)의 매출은 1조 원이 넘는다. 의류나 소재 업종도 마찬가지다. 의류 OEM사의 자체 브랜드 판매는 이미 구시대적인 것이 되었다. 새로운 업종 진출은 신의 영역이 아니라 선택의 영역이다.

05

미닝아웃(meaning out)만으로는 부족하다

단순히 물건을 사고 소비하는 것이 아니라 소비를 통해 개인의 정치적·사회적 신념이나 가치관을 표현하는 '미닝아웃'이 지속 가능한 소비 트렌드로 자리 잡는 듯하다.

예전에도 '아나바나(아껴 쓰고 나눠 쓰고 바꿔 쓰고 다시 쓰자)'처럼 불필요한 소비를 줄이고 나눔을 실천하자는 운동이 있기는 했지만 그 범위가 제한적이었다.

요즘에는, 특히 20, 30대를 중심으로, 업사이클링(폐기물 재사용), 제로 웨이스트(일상 쓰레기 절감), 저탄소 인증제품(온실가스 감소), 친환경 포장재 및 일회용기 금지(자연 보호), 공정무역 제품(노동 착취 금지), 비건 제품(동물권), 착한 브랜드(나눔), 헤리티지 제품(전통 보호) 등과 같이 다양한 분야에서 가치 소비가 확산되고 있다.

젊은 층을 중심으로 가치 소비가 확산되는 이유는 환경운동가 데이비드 브로워(David Brower)의 말에서 찾을 수 있다.

"죽은 행성에서는 아무것도 할 수가 없다."

빠른 속도로 자원을 소비하고 자연을 훼손시킴으로써 지구환경이 파괴되는 상황은 지구만의 문제가 아니라 앞으로 오랜 시간 살아가야 하는 젊은 세대에게는 생존의 문제다. 또한 그들에게 가치 소비는 일종의 소신 표명이자 즐거운 놀이기도 하다. 자신의 가치 소비 행위와 관련한 인증샷을 SNS에 올리고 공개하는 것이 그들의 일상이니 말이다.

이러한 가치 소비가 불가역적 흐름이 되기 위해서는 소비자와 기업 모두에게 진정성 있는 참여와 소통이 필요하다.

'동성상응(同聲相應), 같은 소리는 서로 반응한다.' 하나의 소리는 약하지만 그 소리들이 모여 집단을 이루면 빅뱅의 폭발력을 가질 수 있다는 말이다.

가치 소비가 요즘 얼마나 크게 흐름을 타고 있는지와 관련하여 하나의 사례를 제시하고자 한다. 중국 전통문화와 동양적 아름다움을 현대적으로 해석하여 '꽃'의 형태에 담아 '헤리티지 제품'을 선보인 중국 프리미엄 브랜드에 관한 이야기다.

花西子(화씨즈)

한때 '대륙의 실수'라고 불렸던 샤오미(xiaomi) 제품은 이제 한국에서도 인기가 높다. 샤오미는 중국 로컬 제품에서 흔치 않은 심플한 디자인과 예외적 컬러(빨간색과 금색이 없다!), 고(高)가성비를 바탕으로 '부담 없이 누구나 쓸 수 있다'라는 명확한 브랜드 이미지를 갖고 있다.

전자제품에 샤오미가 있다면 화장품에는 화씨즈가 있다. 샤오미처럼 가성비를 표방하는 브랜드는 아니지만, 브랜드 가치를 명확하게 담아냈다는 면에서는 동일하다.

화씨즈는 중국 전통문화와 장인 정신 그리고 시각적·감성적 가치를 포괄한다. 중국 항저우 서호(西湖)에서 메이크업 브랜드로 탄생했는데, 중국적 미학을 계승하는 한편 "以花养妆(꽃으로 피부를 케어한다)"라는 이념을 갖고 있다.

화씨즈는 2020년 '묘족인상(苗族印象)' 시리즈를 출시했다. 묘족은 중국 구이저우(贵州)에 위치한 56개 소수민족 중 하나로, 화려한 은장식과 고도의 단조(锻造) 기술이 그들 문화의 특징이다.

'단조 기술'은 중국이 자랑하는 무형문화유산으로서 화씨즈는 이러한 은세공 요소를 제품에 반영하고자 했다.

묘족인상 시리즈 (출처 : 화씨즈 홈페이지)

2021년에는 운남 서쌍판납(西双版纳) 지역에 거주하는 태족(傣族)을 모티브로 '태족인상(傣族印象)' 시리즈를 출시했다. 태족은 '공작새가 깃을 펴는 것이 행운을 준다'라는 믿음이 있어서 공작새를 본뜬 춤을 갖고 있다. 그렇다 보니 태족 시리즈는 공작새에서 영감을 받아 디자인되었다.

태족인상 시리즈 (출처 : 화씨즈 홈페이지)

공작 깃털을 형상화한 요소는 용기 디자인뿐 아니라 제형에서도 표현되었다. 태족인상 시리즈는 내용물 외관의 디테일까지 예술품으로 승화시켜 브랜드 가치를 한층 높여 주었다. 그중 립스틱(제품명 : 黃金花丝高定·同心锁口红)은 최근 이탈리아의 'A Design Award'를 수상했다. 이 제품은 순금을 약 0.2mm의 얇은 실로 가공하여 새겨 넣은 한정판 제품으로서, 중국의 동심 자물쇠를 모티브로 제작되었다.

또 다른 대표적 제품인 파우더 팩트(제품명 : 黃金花丝高定·蚕丝蜜粉饼)는 화장품으로서의 기능성과 쥬얼리로서의 장식성이 결합되었다. 뚜껑 부분에 공작새 장식이 있는데, 이것은 탈부착이 가능하여 별개의 고풍스런 브로치로도 사용될 수 있다.

출처 : 화씨즈 홈페이지

화씨즈 제품은 미적 측면만이 아니라 기능적 측면에서도 우수하다. 실례로 글로벌 브랜드를 포함하여 중국 루스 파우더 시장에서

2022년 현재 화씨즈의 루스 파우더는 매출 1위를 달성했을 정도다. 2019년 1분기에 11% 내외였던 시장점유율은 같은 해 말에 32%까지 상승했다. 이후 꾸준히 30%대 매출 점유율을 보이면서 부동의 1위를 차지하고 있다.

화씨즈의 전체 매출은 2019년 약 1900억 원에서 2020년은 약 5700억 원을 지나 2021년 약 1조260억 원으로 그야말로 폭풍처럼 증가했다. (다만 2022년은 코로나19 확산으로 30% 정도 감소했다.) 매출 경로는 주로 온라인이며 온라인 거래가 전체 매출의 70% 이상을 차지한다.

화씨즈의 기록적인 성장배경에서 중국 특A급 왕홍인 리자치(李佳琦)를 빼놓을 수 없다. 리자치 라이브 방송의 특징은 인기 있는 브랜드 제품을 다수의 증정품과 결합하여 단시간 내에 높은 판매실적을 만들어 내는 것이다. (올해 9월 리자치는 화씨즈 생방송 도중 소비자에 대한 부적절한 발언으로 물의를 빚기도 했다.) 참여 회사 입장에서 영업이익은 불충분할 수 있지만 단기 고(高)매출을 달성할 수 있고 라이브 방송이 가진 홍보 효과를 통해 소비자층을 확대할 수 있다는 이점이 있다.

화씨즈의 경우, 리자치는 대량의 증정품을 제공하기보다 제품이 가진 전통적 미와 예술적 가치에 중점을 두어 홍보하고 판매한다. 이런 전략은 화씨즈의 브랜드 가치와 매출을 급상승시키고 있다.

참고로 리자치는 화씨즈의 지분을 보유하고 있는 것으로 알려져 있다. 이는 창업 초기 브랜드 홍보를 위한 화씨즈 창업자의 전략적 판단에서 이루어졌다고 한다.

창업자이자 CEO인 花滿天(화만천)의 주 업무는 CS(소비자 만족)와 QA(품질검사)이다. 그는 매일 구매 후기를 점검하며 소비자와 직접 소통한다. 또한 화씨즈의 품질검사(중국 화장품 업계에서 가장 까다롭다는 평을 받으며 소비자 평가단 등을 포함하여 5단계로 구성)에 관해 최종 승인을 담당한다.

중국판 미닝아웃인 꿔차오(애국 소비) 열풍에 화씨즈가 올라탄 측면도 있다. 하지만 창업자를 포함하여 임직원의 소비자와의 열린 소통, 완벽한 품질관리가 있었기에 오늘의 화씨즈가 가능했다고 보는 것이 보다 타당할 것이다.

필립 코틀러는 그의 저서 《마켓 4.0》에서 디지털 세상에서도 인간 중심적 마케팅은 여전히 브랜드 매력을 높이는 열쇠라고 말한다. 그리고 이제 기업은 고객의 잠재된 걱정과 바람을 찾아내어 영혼까지 만족시켜야 한다고 강조한다.

그 방법 중 하나가 온라인과 오프라인의 상호작용을 통해 브랜드에게 의미를 부여하고 고객과 끊임없이 소통하는 것이 다. 화씨즈의 도행(徒行)을 주목할 이유가 거기에 있다.

06

될 때까지 프리미엄

1882년 프랑스 브라상푸이(Brassempouy)에서 발견된 '두건을 쓴 여인상'. 2만2천 년 전 구석기 시대의 이 조각상은, 인류의 장식 (裝飾) 열망이 아주 오래되었음을 보여준다.

두건을 쓰는 행위는, 자연의 위력에 맞서 자신을 보호하려는 또는 생명을 유지하겠다는 목적과는 거의 무관하다.

프랑스 역사학자인 장 카스타레드(Jean Castarede)는 그의 저서 《사치와 문명》에서 "인류는 늘 (장식과 같은) 사치와 함께했다"라고 말한다. 또한 "다른 사람의 마음에 들고자 하는 무의식적 욕구에서 비롯된 사치 행위들은 문명을 형성시키고 발전시키는 원동력이 되었다. 그리고 문명의 전환점에서는 언제나 사치의 정점을 이루었다"면서 프랑스 루이 14세, 로마 아우구스투스, 그리스 페리클레스 시대의 화려한 건축물과 예술품을 예로 들었다.

코로나19를 거치며 세계 부호 순위가 바뀌었다.

1위는 베르나르 아르노다. 아르노는 화장품, 패션, 시계, 보석, 샴페인 등의 품목에서 75개의 고급 브랜드를 보유하고 있는 LVMH 그룹의 회장이다. 그는 평소 럭셔리 산업의 불멸성을 강조했다. 그의 견해는 문명의 전환점에서 사치가 정점을 이룬다는 카스타레드의 주장과 일맥상통하는 면이 있다.

그렇다면 코로나19는 문명의 전환점이었을까? 이 기간 동안 -많은 분야에서 크고 작은 부침이 있었지만- 럭셔리 산업만큼은 꿋꿋하게 성장했다는 사실에서, '그렇다'라고 이야기해도 좋을 것이다.

명품에 대한 관심은, 우선 타인에게 잘 보이고 싶다거나 사회적 지위와 신분을 과시하려는 -의식적이건 무의식적이건- 과시욕에서 비롯한다. 또한 나만의 희소한 무엇인가를 갖고 싶다는 소유욕, 스트레스 해소를 위한 쇼핑에서처럼 심리적 안정 추구와도 연관성이 있다.

명품이 되기 위해서는, 역사와 전통, 일관된 철학과 장인 정신, 디테일한 품질, 희소성을 갖춰야 한다. 오랜 시간이 필요하고 단기간 이익의 유혹을 이겨 내야 한다. 그런 이유에서, 다른 산업에 비해 중국 소비재의 명품화 내지 프리미엄화가 이루어지려면 아직 갈 길이 멀다. 원산지 효과를 부정할 수 없는 것이 현실이니까. 그럼에도 중국의 많은 소비재 브랜드가 프리미엄화를 시도하고 있고 이는 화장품 업계에서도 마찬가지다.

毛戈平(마오거핑)

브이로그(Vlog)는 최근 몇 년간 한국과 중국의 2030세대에게 인기를 끌고 있다. 어릴 때부터 디지털 환경에서 성장하다 보니 영상으로 자신을 표현하고 일상을 기록하는 것이 그들에게는 자연스럽기 때문이다. 그들의 브이로그에서 외모·몸 가꾸기 관련한 내용이 차지하는 비중은 상당하다. 브이로그에서만이 아니라 샤오홍슈나 빌리빌리 같은 콘텐츠 플랫폼에서도 상황은 다를 바 없다. 특히 메이크업을 중심으로 한 GRWD(Get Ready With Me) 유형의 영상들이 넘쳐난다.

그중 '마오거핑 메이크업' 경우를 살펴보기로 하자. 마오거핑(毛戈平)은 중국의 유명 메이크업 아티스트다. 1984년부터 메이크업 아티스트로 일을 하던 그는 1994년에 당시의 인기배우 류샤오칭(刘晓庆) 눈에 띄었다. 40대였던 류샤오칭은 그 무렵 '무측천(武则天)'이라는 드라마에서 10대부터 80대까지의 역할을 연기해야 했는데 마오거핑이 메이크업으로써 그의 배역을 현실감 넘치게 구현했다고 한다.

무측천 중 류샤오칭 (출처 : 웨이보)

그 후 마오거핑은 40여 개 영화와 20여 개 연극에서 메이크업 아티스트로 활동하면서 지명도를 높였고 2008년 북경 올림픽 개막식, 중국 국경절 60주년 열병식 등의 큼지막한 프로젝트에도 참여하게 되었다. 승승장구하던 시점에서 그는 엔터테인먼트 업계를 떠나 본인 이름의 메이크업 스쿨을 차렸고, 실습 제품이 학생 교육용으로 부적합하다는 것을 느껴 브랜드를 개발하게 되었다고 한다.

마오거핑은 색조 중심의 'MGPIN(마오거핑)'과 '지애종성'의 2개 브랜드를 가지고 있으며, 프리미엄 이미지 구축을 위해 고가 포지셔닝, -화씨즈보다 높고 글로벌 프리미엄 브랜드인 랑콤과 비슷한 수준이다 백화점 직영 판매, 고급 호텔과의 협업 등의 마케팅 활동을 펼치고 있다. 또한 온라인에서도 마오거핑이 직접 참여해서 만든 메이크업 콘텐츠를 업로드하고 있다. 2020년 5월부터 빌리빌리를 시작으로 샤오홍슈, 틱톡 등 온라인 플랫폼에 콘텐츠를 올리기 시작하면서 매출도 큰 폭으로 증가했다. 매출액은 2020년 8.8억 위안(약 1675억 원), 2021년 14.3억 위안(약 2700억 원), 2022년에는 16.8억 위안(약 3200억 원)으로 매년 두 자릿수 이상 증가했고, 온라인 매출 비중도 2020년 27%에서 2022년 42%로 증가했다.

마오거핑 재무제표

單位：万元

項目	2022 年末 /2022 年度	2021 年末 /2021 年度	2020 年末 /2020 年度
资产总计	153,836.79	111,699.54	70,513.22
归属于母公司所有者权益合计	112,946.20	78,098.94	49,417.79
资产负债率（母公司）	21.82%	23.52%	23.11%
营业收入	168,204.78	143,148.04	88,182.64
净利润	34,858.75	32,691.08	19,827.44
归属于母公司所有者的净利润	34,857.89	32,698.33	19,818.43
扣除非经常性损益后的归属于母公司所有者的净利润	33,290.92	31,592.01	18,825.76
基本每股收益（元）（扣除非经常性损益）	5.55	5.27	3.14
稀释每股收益（元）（扣除非经常性损益）	5.55	5.27	3.14
加权平均净资产收益率（扣除非经常性损益）	34.85%	50.34%	45.24%
经营活动产生的现金流量净额	40,176.86	30,664.19	23,778.35
现金分红	-	4,000.00	5,000.00
研发投入占营业收入的比例	0.87%	0.96%	1.21%

출처 : 회사 공개자료

가장 인기가 높은 캐비어 크림은 780위안(약 15만 원)이라는 가격에도 불구하고 연간 130억 원 이상 판매되고 있다. 메이크업 대표 품목 격인 커버 팩트(약 7만2천 원)도 연간 매출이 100억 원 가까이 된다. 유명 메이크업 아티스트로서의 마오거핑 이미지가 매출에 영향을 끼쳤을 것으로 볼 수 있다.

마오거핑은 IPO를 통해 또 한 차례 업그레이드를 준비하고 있다. 원래는 지난 2016년 A주 메인보드에 상장할 계획이었으나, 외부 주주인 구딩 인베스트먼트(九鼎投资)의 증권법 위반 혐의 때문에 계획이 무산되었다. 2021년에 IPO를 재추진하였으나 결국 실패로 끝났고, 최근 다시 시도하고 있는 것으로 알려졌다.

마오거핑의 상장은 중국 브랜드가 프리미엄 브랜드로 도약할 수 있는지를 가늠할 수 있는 지표가 될 수 있어서 업계의 큰 이목을 끌고 있다.

한국 화장품 브랜드가 가야 할 곳 중 하나도 프리미엄 시장이다. 가장 큰 걸림돌은 역시 비용이다. 광고·홍보 단가만 해도 중국은 한국보다 2~3배 높을 정도다. 그러나 적은 예산으로도 할 수 있는 방법이 있다.

'우공이산(寓公離山)', 5년의 목표를 세우고 6개월 단위로 소비자의 브랜드 친밀도만 높여 보자. (5년 동안 소비자와 접촉을 늘려 가다 보면) 오르고자 하는 산의 모습이 조금씩 눈앞에 펼쳐지게 될 것이다.

07

긴 호흡으로 승부한다

요즘 '동네 한 바퀴', '허영만의 백반 기행', '고두심이 좋아서'와 같이 차분하면서 잔잔한 흐름의 TV 프로그램들이 인기를 누리고 있다. 이들의 공통 키워드를 이렇게 요약하고 싶다. 세월의 흔적, 한결같음, 가족. 코로나19와의 길고도 힘든 싸움을 견뎌 내는 과정에서 심리적·정서적 안정을 찾으려는 욕구가 그런 프로그램 속에 반영된 것은 아닐까 싶다.

기업 활동에 있어서도 정서적 변화가 감지되고 있다. ESG(환경·사회·지배구조) 경영이 대표적인데, 미닝아웃 소비 트렌드와 맞물려 ESG 경영에 참여하는 기업이 늘어나는 추세다.

자본주의 자체가 변화해야 한다는 주장도 있다. 하버드대 리베카 헨더슨(Rebecca Henderson) 교수는 그의 저서 《자본주의 대전환》에서, "환경오염과 의료비 증가분을 반영하지 않은 시장 가격, 제

역할을 할 기회조차 주지 않는 불평등, 기득권 계층에게만 유리하게 작동되는 게임의 규칙은 시장자본주의의 붕괴를 의미한다"고 했다. 그러면서 "기업이 오랜 시간에 걸쳐 번창하기 위해서는 재무 실적만 챙겨서는 안 되고 사회적 목적에 기여해야 한다"고 강조했다.

'Global Goals'라고도 불리는 UN의 지속가능발전목표(SDGs)는 질병·빈곤·성 평등 같은 인류 보편적 문제, 기후변화·환경오염 같은 지구 차원의 문제, 고용·소비와 같은 사회경제적 문제 등을 총 17가지 주요 목표와 169개 세부 목표로 정리하여 그것들을 2030년까지 해결하고자 하는, 국제사회의 최대 규모 공동과업이다.

기업의 책무는 빠른 생산성과 이익 창출을 통한 사회 기여에서 사회적 가치와 문제를 기업 활동에 고려함으로써 공동체[사회]의 보편적 이익을 달성하는 방향으로 바뀌어 가고 있다. 그래서 기업 입장에서는 사회문제를 해결하는 것이 곧 새로운 사업기회가 될 수 있다. 이를 위해서는 외양만이 아니라 진정성·적극성·일관성 같은 속성들이 전제되어야 할 것이다.

티백 제품 최초로 열대우림동맹(RA)의 인증을 받은, 유니레버의 차 브랜드 '립톤'이 그런 경우라고 볼 수 있다. 이 인증을 받으려면, 기업은 생태계 보존과 야생동물 보호를 준수하는 한편 농민에게 적절한 노동조건을 보장하면서 친환경적인 관리 체계에 의해 제품을 생산해야 한다. 다시 말해, 립톤은 차 재배농가에게 경제적으로 공

정한 보상을 제공하는 한편 환경적 피해를 최대한 방지하면서 지속
가능한 방법으로 찻잎을 생산하고 그것을 사용해 최종제품을 생산
하고 있는 것이다.

여성에게 피부는 아름다움이자 자신감이다.
'중국인의 가장 흔한 피부 문제를 해결한다'라는 가치를 내걸고
민감성 피부 문제의 해결을 연구하는 중국 브랜드를 소개한다.

微諾娜(위노나)

2020년에 시작된 중국의 '제로 코로나' 정책. 시행 기간 동안 많은
일들이 있었다. 매일 두 차례 핵산 검사는 기본이었고 코로나19 확
진자는 수용소에 격리되었으며 해당 아파트 단지는 극도로 통제되
었다. 그 결과, 하루 평균 2억 명이 봉쇄되고 말았다. 한편 정부 보
급품을 둘러싼 비리가 끊이질 않았다. 이에 시민들의 불만은 극에
달했는데 불만 확산을 막기 위해 SNS는 철저히 통제되었다. 그렇게
3년이 지나갔다. 새로운 기회는 분열과 혼란에서 나온다고 했던가?
화장품 업계의 최대 수혜자는 바로 '위노나(微諾娜)'다.

위노나는 민감성 피부 전문 스킨케어 브랜드로서 중국 운남에 위
치한 滇虹药业(전홍제약)의 프로젝트에서 시작되었다. 제약회사에
의해 탄생했기에 주로 병원이나 약국 채널에서 판매되었지만 결과

는 신통치 않았다. 매출 비중이 워낙 미미하고(3%) 회사의 적자마저 계속되자, 전홍제약은 2011년 유통사인 贝泰妮(BTN)에게 위노나를 양도했다. 양도 가격은 30만 위안(약 6000만 원)에 불과했다.

　BTN은 위노나를 인수한 후 적극적으로 사업에 뛰어들었다. 먼저 온라인 사업부와 연구센터를 설립하고 피부 관련 세미나에 참여하여 사업에 필요한 정보들을 확보해갔고 한편으로는 투자를 유치하기 위한 노력을 했다. 위노나는 2019년부터 두각을 보이다가 2020년부터 급성장을 했다. 2019년 매출은 19억 위안(약 3610억 원)이었는데 2020년에는 그보다 36% 성장한 26억 위안(약 4940억 원)의 매출을, 2021년에는 59% 성장한 40억 위안(약 7600억 원)의 매출을 기록하며 민감성 시장의 선두주자로 자리 잡게 된다.

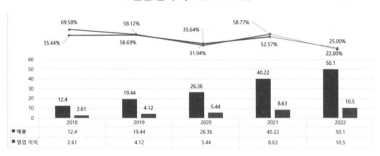

5년간 실적 비교 (단위 : 억 위안)

출처 : 회사 공시 자료

BTN은 2021년 3월 중국 선전 증권 거래소에 상장되었고 지금은 중국 화장품 상장 회사 Top1으로 자리매김했다.

BTN 그룹은 위노나 외에도 6개 브랜드를 보유하고 있지만 위노나가 그룹 매출의 98%를 차지한다. 위노나의 베스트셀러 제품은 수딩 리페어 크림이다. 코로나19로 인해 마스크 사용이 일상화되고 생활에 각종 불편이 장기간 발생하면서 스트레스에 시달리다 보니 피부 손상과 민감성이 늘어나게 되었고 이로 인해 많은 사람들이 찾게 되었던 것이다. 이 제품은 저가가 아님(50g, 약 5만 원)에도 불구하고 2012년 1월 1일부터 2023년 1월 15일까지 2800만 개가 판매되었다.

출처 : 위노나 홈페이지

성공의 원인은, 우선, 코로나19라는 시류와 잘 맞물렸던 데에 있다. 그런데 그보다 더 주효했던 것은 브랜드 포지셔닝이었다. 위노나는 제약회사와의 연관성을 잘 활용했다. 즉, 유명 피부과 병원과 협력관계를 맺고 그중 16개 병원에서 임상시험을 진행했으며 그 결과는 128개 연구 논문으로 정리되었다. 해당 크림은 현재 약 2400개 병원에서 치료 보조용 제품으로 사용되고 있는데 이 사실도 소비자에게 적극 홍보되고 있다

라이브 방송에서는 단순히 왕홍(网红)보다는 피부과 전문의나 관련 학과 교수를 등장시켜 전문성을 강조한다. 물론 전문성 이미지 외에도 시즌별로 인기 연예인도 출연시켜 화제성을 만들기도 한다.

출처 : 웨이보

위노나 제품의 주요 성분은 마치현과 다하텔이다. 이 성분들은 운남성에서 서식하는 식물로부터 추출되었다. 그 사실을 원시 생태계 보존지역과 접목하여 스토리화하는 한편 공신력 있는 기관(중국과학원 쿤밍 연구소)에서 개발한 독자 성분으로도 홍보하고 있다.

유통은 온라인과 오프라인에서 6:4로 균형 있게 이루어지고 있다. 민감성 피부 전용 브랜드라는 특성상 소비자 체험이 중요하다는 판단에서 오프라인 매장을 꾸준히 늘려나가고 있다. 현재 상하이, 베이징, 광저우 등 대도시를 중심으로 약 100여 개의 직영매장이 운영되고 있다. 2022년 매출은 전년보다 25%(약 9500억 원) 성장했다.

최근에는 민감성 제품 카테고리를 넓혀 민감 피부 전용 선크림(sun cream)을 주력으로 마케팅하고 있다. 2022년 11월, '겨울에도 자외선은 위험하다'라는 캐치프레이즈를 내건 선 제품 프로모션이 진행되었는데 단 2개월 만에 300억 원을 돌파하는 매출을 기록했다. 중국 선 시장의 다크호스로도 떠오르고 있는 것이다.

중국 화장품 기업들의 몇 가지 특징을 정리해 보면 다음과 같다. 빠른 시장 기회 포착, 가성비, 단기 집중 마케팅, 단기 매출 증대, 외부 투자 유치, 그리고 애국 소비 수혜 등이다.

그동안 중국에서 보여준 한국 화장품 기업들의 특징도 -애국 소비 수혜와 품질력 부분을 제외하면- 중국 기업들과 크게 다르지 않아 보였다. 하지만 위노나는 다른 길을 선택했다. 위노나가 '호시우행(虎視牛行)'의 길이라면 한국 기업들은 '속전속결(速戰速決)'의 길이었다. 어느 길에서 건 만남이 기다리게 마련이고 그 만남이 이로울 수도, 아닐 수도 있다. 그런데 중국 화장품 시장은 앞으로 호시우행의 길을 걷는 자에게 더 많은 이로움을 줄 것 같다. 새로운 화장품법과 이에 호응하는 중국 소비자가 그 이유를 말해주고 있다.

08

틈새를 찾아라

불과 5~6년 전만 해도 도로를 누비는 자동차는 흰색이나 검정색 세단 일색이었다.

그러나 지금은 스포츠유틸리티차(SUV)가 대세가 -2022년 글로벌 자동차 시장에서의 SUV 판매비율 40.8%(세단 35.2%)- 되었다. 그 이유는 SUV가 가족 여행, 교외 운전과 캠핑(camping), 화물 운반 등의 다용도로 활용이 가능하고 연비개선 등의 기술이 향상되었기 때문이다. 전통적 자동차 산업에서 SUV는 오프로드(off road) 기능과 모험으로만 인식된 '변방' 또는 '틈새'에 불과했었다. 최근에는 귀농·귀촌 인구와 세컨 하우스(second house) 수요가 늘어나면서 한국에서는 생소했던 픽업 트럭도 인기를 끌고 있다. 이는 변방의 틈새 또는 틈새의 변방이라고도 할 수 있겠다.

소비자가 온라인 쇼핑몰 선택 시 배송은 중요한 요소 중 하나이다. 소비자 입장에서 배송의 핵심 포인트는 얼마 만에 물건이 도착하느냐의 '절대 시간'에 있었다. 새벽이나 저녁 등의 특정 시점 배송은 변방이나 틈새에 해당했었다. 마켓컬리는 바로 '배송의 틈새'를 파고들어 성공한 온라인 쇼핑 플랫폼이다. 신선 상품(식자재)을 신선하게 배송 받고 싶어하는 소비자의 빈 공간을 '새벽 배송'으로 채워 주었다. 마켓컬리는 식자재의 기본 정보뿐 아니라 이를 활용한 음식 레시피나 스토리를 화면에 잘 담아서 소비자 감성까지 만족시키고 있다. 마켓컬리에서 일하고 있는 스토리텔러가 20여 명이라 한다.

위와 같이 기존 주류(主流)시장의 변방이나 틈새를 겨냥해서 성공한 사례는 스타트업(startup, 신생 창업기업)에도 많다.

몇 가지만 예를 들면, 아이디어스는 핸드 메이드 제품만 전문적으로 판매하는 플랫폼인데 '나만이 소유하고 싶어 하는 개인 취향 변화와 그 시장'을 정확히 발견해서 성공했다.

술담화는 탁주, 청주 등 한국 전통술을 구독해 마실 수 있는 '구독경제' 플랫폼이다. 2019년 1월 서비스를 출시한 지 4년여 만에 술담화의 구독자는 1만3천 명을 돌파했다.

'틈새시장(Niche Market)'이란 특정한 수요는 있지만 공급이 미치지 못하는 시장을 말한다. '틈새[니치]'는 작다는 의미보다 비어있는 곳으로 이해하는 것이 맞다.

틈새시장이 되기 위해서는 몇 가지 조건이 뒷받침되어야 한다. 먼저 어느 정도 확실한 소비자 층이 존재하고 시장 확장성이 가능해야 한다. 그리고 소비자가 가지고 있는 문제를 확실하게 해결할 수 있어야 한다.

틈새시장의 장점은 거대시장을 타겟으로 하는 것보다 훨씬 적은 자본으로 시장에 진입할 수 있고, 만족한 소비자의 입소문을 통해 파생 제품과 확장 시장 창출도 가능하다는 것이다.

경제가 발전할수록 소비는 고도화되고 시장은 세분화될 수 밖에 없다. 어느 업종에서든 '틈새'는 있기 마련이고 화장품도 예외는 아니다.

이국적이고 몽환적인 컬러 배합과 극소수만 좋아할 만한 디자인으로 틈새시장을 만들어 낸 브랜드를 소개한다.

GIRLCULT(构奇, 걸커트)

메이크업 제품은 휴대하면서 수시로 사용하는 특성상 스킨케어 제품보다 디자인이 보다 중요시된다.

1990년생인 걸커트 CEO 马佳威(마지아웨이)는 "우리는 디자인 회사다. 걸커트는 제품 기획부터 낭만, 모험, 복고의 요소에서 시작된다"라고 회사 정체성을 정의했다. 그는 또한 "设计驱动体验, 体验驱动产品(디자인은 제품 체험으로 기인되며 체험은 제품을 기인한다)"라며 디자인을 강조한다. 결론적으로 걸커트의 본질은 소비자가 브랜드를 접하는 순간부터 제품을 사용하는 모든 단계를 디자인적으로 설계하는 것이라는 의미를 담고 있다고 했다.

이렇게 디자인을 강조한 걸커트의 브랜드 본질은 제품에 잘 녹여져 있다. 고대 아라비아 서적을 참고해서 만든 산해경(山海經) 시리즈는 동양의 신비한 동물 기록과 산해경의 요소를 결합하여 독특한 디자인적 경험을 만들어냈다.

산해경 시리즈 (출처 : 걸커트 홈페이지)

또한 중국에서 잘 알려진 일본 캐릭터, '카쿠레모모지리(カクレモモジリ)'와 콜라보한 블러셔(blusher)는 친근감과 더불어 저온 처

리된 파우더 입자, 실링 왁스, 바스락거리는 종이 포장을 더해 새로운 브랜드 경험을 제공했다.

카쿠레모모지리 시리즈 (출처 : 걸커트 홈페이지)

걸커트는 '생명의 만세'라는 제품명으로 멕시코 여성 화가 프리다 칼로(Frida Kahlo) 시리즈도 발매했다.

눈과 입술의 강한 이미지를 갖고 있는 프리다 칼로의 특징을 살리기 위해 아이브로우 펜슬, 립틴트, 아이섀도 팔레트 3개 품목으로 시리즈를 구성했다. 이 중 아이브로우 펜슬은 디자인 특허를 받았고 아이섀도의 컬러는 프리다가 동식물을 모티브로 자신의 삶을 표현했던 그림에서 도출되었다.

프리다 칼로 시리즈   요재지이 시리즈
(출처 : 걸커트 홈페이지)   (출처 : 걸커트 홈페이지)

그러나 금형 개발을 포함하여 1년여의 시간과 비용에 비해 판매 실적은 저조했다. 그 후 디자인 요소 이외에 Z세대가 공감하는 재미있는 스토리가 필요하다고 느낀 걸커트 개발팀은 같은 해 10월에 赛博聊斋(사이보그 요재) 시리즈를 출시했다. 이 시리즈는 중국에서 유명한 귀신 이야기 책인 포송령(蒲松齡)의《요재지이(聊斋志異)》를 모티브로 했으며 걸커트 독특함의 절정이라고 불리기도 한다. 아이섀도와 립 제품은 컬러 체인지 제형과 특이한 색상 배합으로 신비한 메이크업 무드를 자아낸다.

앞에서 예시한 몇 가지 제품에서 보는 바와 같이 선명한 배색과 몽환적 디자인이 걸커트의 브랜드 특징으로서 Z세대에게 특히 인기가 높다. 걸커트의 직원 대부분은 1995년~1997년생인데 이는 타겟 소비자인 Z세대 소비 심리를 잘 파악할 수 있는 요인 중 하나라고 생각된다.

독특한 디자인이 주목을 받으면서 걸커트는 해외에도 진출했다. 글로벌 온라인 쇼핑몰인 아마존(Amazon)과 라자다(Lazada)를 통해 일본과 동남아에서 판매되고 있고 특히 아이섀도 팔레트와 브로셔는 일본의 해당 카테고리에서 판매순위 상위에 랭크될 만큼 인기가 높다.

2018년 7월에 런칭한 걸커트는 그해 QINGSONG FUND(青松基金)로부터 약 7백만 위안 투자를 받았고 이듬해에는 IDG Capital에서 3천만 위안 A라운드 투자를 받았다.

걸커트는 화씨즈(花西子), 퍼펙트 다이어리(完美日记)와 비슷한 시기에 출범했지만 브랜드 체급이나 영향력은 상대적으로 약한 편이다. 그러나 이와 관계없이 자신만의 DNA를 강렬하게 표출하며 틈새의 '찐팬'을 늘려가고 있다.

틈새시장을 찾아내는 쉬운 방법이 있다.

'고래의 등 위에 올라타라.' 큰 고래가 움직이면서 만들어 내는 파도의 흐름을 잘 포착하는 것이다.

중국에도 SNS 게시물 순위나 콘텐츠 유형을 분석해 주는 사이트가 있다. 이를 활용하면 소비자 인사이트(insight)를 찾아낼 수 있다. 또한 도우인 쇼트클립 영상을 보면서 인기가 높은 콘텐츠의 공통분모를 분석해 보는 것도 좋은 방법이다. 유료로 제공되는 티몰

판매 데이터는 -도우인도 (유료)데이터를 제공하고 있으나 아직은 티몰만큼 다양하지 못함- 틈새시장을 찾는 데 적잖은 도움이 된다.

09

글로벌 생존법, 화이부동(和而不同)

2018년 관세전쟁으로 시작된 미·중 갈등은 환율과 기술 전쟁, 산업공급망으로 전선을 넓혀가고 있고 서방세계와 중·러 간 패권 경쟁으로까지 치닫고 있다.

뿐만 아니라 러시아·우크라이나 전쟁의 장기화와 이스라엘·하마스 충돌로 촉발된 중동의 지정학적 리스크, 그리고 코로나19에 대처하기 위해 지출된 각 나라의 경기 부양 자금이 고물가와 고금리로 부메랑이 되어 글로벌 경제를 더욱 위축시키고 있다. 이러한 복합 위기는 경제적·사회적·정치적 문제들이 동시에 발생하여 한 나라의 안정을 위협하는 상황을 만들기도 한다. 특히 우리나라와 같이 무역의존도가 높은 국가에게 더 큰 영향을 미칠 수 있다. 국제통화기금(IMF)은 내년도 우리나라 경제성장률(2.2%)을 세계 경제성장률(2.9%)보다 낮게 전망하기도 했다. 하지만 해결하지 못

하는 국가 간 분쟁이나 거시경제 문제보다 기업 스스로 해결할 수 있는 본질적 사안에 더 많은 노력이 필요한 상황이기도 하다.

이러한 노력의 일환 중 '글로컬라이제이션(Glocalization)', 즉 세계화와 현지화를 동시에 추진하는 전략이 하나의 해법이 될 수 있다. 기업 경영전략의 방향과 제품개발의 핵심요소는 유지하되 마케팅 방식이나 최종 제품 개발은 현지에 적합하게 수정해서 경쟁력을 강화하는 것이다.

글로벌 경제위기 속에도 로레알은 올해 전년대비 6~8%의 매출 성장을 이룰 것으로 예상된다. 로레알은 프랑스를 포함한 미국, 일본, 중국 등 7개국에 13개 연구소와 한국에 이노베이션 센터를 운영하고 있으며, 2022년에는 중국 상하이에 투자회사를 설립하는 등 글로컬라이제이션 경영을 강화하고 있다.

2004년 9월 상하이에 첫 매장을 오픈한 파리바게트는 현재 중국 내 300여 개 매장을 운영하고 있다.

파리바게트의 성공 요인은 '맛'에 있다.

한국과 같은 맛의 품질을 유지하면서 중국인의 입맛에 맞추기 위해 밀가루 반죽과 기본 재료는 한국에서 만들어 매일 보낸다. 반면, 고명이나 양념, 성형은 중국인들이 좋아하는 것으로 현지에서 직접 구매하거나 만든다. 파리바게트는 2022년 상하이 봉쇄 기간 중 미담이 알려지면서 중국인들에게 착한 기업으로도 자리매김하고 있다.

한편 동남아의 '열대(熱帶)' 콘셉트를 중국에 맞게 수정 이식해서 선(SUN) 시장 점유율을 높이고 있는 브랜드가 있다.

MISTINE(미스틴)

"2021년 태국 정부는 아시아 국가 중 처음으로 주요 해양 관광지에서 산호초를 파괴하는 화학물질이 들어간 자외선차단제 사용을 금지했다. 산호초를 파괴하는 옥시벤존, 옥티노세이트, 부틸파라벤, 4-메틸벤질리덴캠퍼 등 4가지 성분이 들어간 자외선 차단제는 사용하지 못한다."

태국을 찾는 관광객 중 중국인은 가장 높은 비중을 차지한다. 전체 약 4천만 명 중 1/3 정도이다. 화장품은 중국 관광객이 태국에서 즐겨 찾는 쇼핑 아이템 중 하나이고 그중 바디(body)와 선(sun) 제품이 가장 많다.

바디 제품은 태국 전통 마사지 영향으로 인기가 높고 선 제품은 고온, 다습한 동남아의 기후와 관련 있다. 중국인에게 태국 선 제품은 저렴한 가격, 높은 자외선 차단지수, 지속력, 워터 프루프 기능이 좋다고 인식되어 있다.

미스틴은 지명도가 꽤 높은 태국의 화장품 기업(브랜드)이다. 방판 유통을 통해 건강식품을 판매하기도 한다.

태국에서 미스틴의 주력 아이템은 메이크업이었으나 중국에서 선 제품이 인기를 끌면서 본국에서의 핵심 아이템까지 선으로 바뀐 특이한 경우라고 할 수 있다.

2018년경, 미스틴은 태국 본사 70%, 지금의 중국법인 대표인 庄宝霞(장바오시아)의 지분 30% 합작형태로 중국 사업(미스틴 차이나)을 시작했다. 태국 본사는 브랜드 홍보과 상표권에 대한 권리만 갖고 제품개발과 판매에 관한 모든 권한은 중국 법인이 갖는 것으로 계약을 체결했다. 현지 시장에 적합하지 않는 제품개발과 본국에서의 제품 유통 시 불가피한 가격 충돌 문제를 사전에 방지하기 위한 목적이었다.

미스틴 차이나는 태국 선 제품의 인기 요인을 최대한 활용했다. 중국인에게 인식된, 앞서 언급한 4가지 기능 외에 중국인이 선호하는 사용감까지 갖춘 제품을 현지에서 개발했다. 제품의 콘셉트도 '열대에서 온 선'이다. 또한 아동용에서 민감성까지 제품을 세분화시켜 다양한 선 제품 포트폴리오를 구축했다. 小黄帽(샤오후앙마오)라는 애칭의 노랑색 캡 제품은 2022년 쏭스이(11.11) 기간에만 100만 개 이상 판매되었다.

미스틴은 선 제품 외 베이스 메이크업 제품에서도 두각을 나타내기 시작했다. 일반적으로 한국 여성의 경우, 하루에 몇 차례 수정

출처 : 미스틴 홈페이지

화장(메이크업)을 하곤 한다. 이때 휴대하기 좋고 사용이 간편한 쿠션이 많이 사용된다. 그러나 중국 여성은 수정 화장(메이크업)을 번거롭게 생각하는 경향이 있어서 한 번의 메이크업이 오래 지속되길 바란다. 때문에 중국에서의 베이스 메이크업 제품은 지속성이 가장 중요한 요소이기도 하다. 그런데 태국에서 판매되고 있는 미스틴 베이스 메이크업 제품의 가장 큰 장점이 바로 지속성이다. 미스틴은 태국 베이스 메이크업 제품의 핵심기능을 살리면서 중국 소비자에게 맞는 컬러와 사용감을 더해 현지에서 제품을 개발했다. 베이스 메이크업 제품을 런칭하면서 진행한 마케팅 활동도 화제를 모았다. 2022년 10월 중국 상하이, 베이징 등의 주요 도시에서 1만 명의 대학생과 함께 베이스 메이크업 제품 테스트 이벤트를 진행했고 관련 영상을 틱톡에 올렸다. 또한 해당 영상을 기네스북에 신청해서 'Most videos of people applying foundation uploaded to Douyin in one hour'라는 타이틀을 얻었다.

2022년 11월 16일, 미스틴 파운데이션의 중국 누적 판매 수량이 천만 개를 돌파했다고 공식 보도되었다.

미스틴 차이나 역시 온라인이 주력 유통이다. 온라인 경로는 티몰과 도우인을 포함하여 매출의 약 80%를 차지한다. 최근에는 보다 안정적인 매출성장을 이루기 위해 오프라인 비중을 늘리고 있다. 지하철이나 핫플레이스(hot place)에 광고를 확대하고 있고 이업종

출처 : 미스틴 홈페이지

과의 콜라보레이션도 활발하게 진행하고 있다. 미스틴 차이나는 IPO를 준비하고 있다.

미스틴의 중국 사업은 글로컬라이제이션의 모범 사례로 손색이 없을 뿐 아니라 글로벌 경쟁 속에서 성장하기 위한 하나의 답이 될 수도 있다.

한국 화장품 기업들의 중국 비즈니스에 있어 안타까운 것 중의 하나가 제품 개발에 관한 것이었다. 대부분의 한국 기업들이 제품 개발에 대한 모든 권한을 -중국 소비자에게 판매할 제품임에도 불구하고- 한국 본사에서 갖고 있었다. 그러한 이유는 충분히 이해된

다. 하지만 중국은 하나의 시장이 아니라 서로 다른 시장이 존재하는 커다란 복합시장이다. 제품 개발은 사는 사람(소비자)이 있는 곳으로부터 출발되어야 한다. 중국은 더욱 그러하다.

한국에서도 잘 알려진 중국의 문학가이자 사상가인 루쉰(鲁迅). 그의 단편소설 《고향(故乡)》에는 다음과 같은 구절이 있다.

"몽롱한 가운데 나의 눈앞에 해변의 초록빛 모래밭이 펼쳐졌다. 그 위의 쪽빛 하늘에는 황금빛 둥근 달이 걸려 있었다. 나는 생각했다. 희망은 본래 있다고 할 수도 없고 없다고 할 수도 없다. 그것은 지상의 길과 같다. 사실은, 원래 지상에는 길이 없었는데, 걷는 사람이 많아지자 길이 된 것이다."

한국 화장품 기업들이 희망하는 것은 바로 중국 시장에서의 '재비상(再飛上)'일 것이다.

그 희망이 어떻게 실현될 수 있을지, 앞서 마케팅 사례들을 통해 아홉 개의 길로 정리했다.

그것들은 누군가 이미 걸어간 길이기도 하지만 아직 제대로 발견 안 된 길이기도 하다. 그 길을 통해 희망을 성취하고자 한다면, 모든 여정은 고유(固有)하며, 각자의 여정에서 얻는 것도 서로 다르다는 것을 먼저 기억했으면 하는 바램이다.

마지막으로, 현재 중국의 화장품 기술력은 -개인적 견해로는- 한국의 약 85% 수준이다. 새로운 화장품 관련 법령들은 이러한 기술 격차와 화장품 관련 무역 적자를 좁혀 보고자 하는 중국 정부의 고민을 담고 있다. 맞춤 화장품 시범화 사업도 눈여겨봐야 한다. 이런 것들은 어쩌면 새로운 싸움터를 만들기 위한 행마(行馬)인지도 모른다.

그러니 한국 화장품 기업들은 보다 강한 기술력으로 무장하고 빠르게 방향을 잡아 행동해야 한다. 늦지 않았다. 중국 시장은 아직 한국 화장품에게 반등할 기회의 시간을 내주고 있다.

■ **참고문헌** ■

프롤로그

1. 한국보건산업진흥원, 〈화장품 산업 종사원, 수출입 규모〉
2. 코스인, 〈화장품 공개 기업 70개사 성적〉, 2023. 5. 18

1장 **지극히 개인적 관점의 중국 사람 단면들**

01 너무나 실용적인 츄리닝 루틴(Routine)

1. 츄리닝 어원, 나무위키
2. 윌리엄 제임스, 정해창 옮김, 《실용주의》, 아카넷, 2008
3. 〈존 듀이, 중 현대사상 문화에 큰 영향〉, 중앙선데이, 2021. 8. 6

02 젊을수록 건강에 더 집착한다

1. 국가위생건강위원회(国家卫健委), 〈2021년 중국 의료산업 동향〉, 코트라,
   2022. 1. 7
2. 클로테르 라하이유, 김상철 옮김, 《컬처 코드》, 리더스북, 2007
3. 펑유란, 정인재 옮김, 《간명한 중국 철학사》, 마루비, 2020

03 장사, 삶의 의미(生意)

1. 〈언어가 사고와 세계관을 지배하는가〉, 시사저널, 2020. 4. 12
2. 안태욱, 중국청년창업연구원, 〈청년창업국가, 중국의 숙제〉, 2022. 3. 12

3. 소준섭, 《중국인은 어떻게 부를 축적하는가》, 한길사, 2017

4. 〈소림사 상표출원〉, 머니투데이, 2022. 4

5. 교육부, 〈중국 유학생 통계〉

04 무딘 감성의 착한 친구들

1. 〈세종대왕의 숨어있는 업적〉, YTN사이언스, 2022. 1. 10

05 싼 게 비지떡은 당연하다

1. 김기동, 《중국사람 이야기》, 책의 정원, 2018

2. 펑유란, 정인재 옮김, 《간명한 중국 철학사》, 마루비, 2020

3. 박원재 외 3명, 《장자중독 : 소요유》, 궁리, 2023

06 순응적인 DNA

1. 제프리 네비드, 신성만 외 2명 옮김, 《심리학개론》, 학지사, 2019

2. 설명남, 《중국 마케팅 리셋하라》, 이은북, 2018

07 차별, 차등과 체면의 2차 방정식

1. 중국 9가지 사회계층, 중국 SNS, 2022.

2. 〈중국사람 체면〉, 한국경제, 2022. 3

08 정치에 무관심한 사람들의 정치적 행동 습성 5가지

1. 왕후이, 송인재 옮김, 《단기 20세기》, 글항아리, 2021

2. 박찬철 · 공원국, 《귀곡자》, 위즈덤하우스, 2018

09 상하이에는 다양한 민지(MZ)가 살고 있다

1. 〈0.6평의 기적〉, 차이나랩, 2023. 4. 29

2장 중국 화장품 소비자

01 중국 화장품 소비자는 누구인가
1. 중국 CNNDATA, 〈2022년 화장품 산업 인사이트〉
2. iMediaResearch, 〈연령별 중국 화장품 소비자〉
3. IPSOS, 〈중국 소비자 메이크업 선호도〉
4. 美丽修行, 〈2023년 스킨케어 효능 인사이트〉
5. essencemedia, 〈중국 화장품 소비유형 조사보고〉
6. 言安堂研究院, 〈화장품 포장 트렌드 및 중국 소비자 인사이트〉

02 중국 화장품 소비 5대 트렌드
1. bilibili, 〈청년 스킨케어 관심 트렌드〉
2. 言安堂研究院, 〈중국 클린 뷰티 현황 조사〉
3. 키움투자자산운용, 〈변화하는 중국 소비시장〉
4. 众为分众消費研究院, 〈중국 홈뷰티 사용자 현황〉
5. 丁香醫生, 〈중국 뷰티 디바이스 현황〉, 코트라

03 중국 소비자 화장품 선택 기준
1. iMediaResearch, 〈2021년 중국 소비자 화장품 브랜드 및 마케팅 연구〉
2. Mintel, 〈2022년 중국 메이크업 시장조사 보고서〉

04 중국 소비자는 이곳에서 화장품을 산다
1. 중국인터넷동영상서비스협회, 〈2022년 중국 인터넷동영상사용자 발전보고〉
2. 중국 국가통계국, 〈중국 소비재시장 온라인 거래비중〉
3. 첸잔산업연구원, 〈중국 쇼트폼 컨텐츠 산업〉
4. 화진산업연구원, 〈중국 화장품산업의 시장구조〉

5. 美妆头案, 〈중국 뷰티편집숍 현황〉

3장 高농축, 고효능 마케팅 앰플

01 2030만이 아니다. 5060 감성을 건드려라
1. 잭 트라우트·알리스, 안진환 옮김, 《포지셔닝》, 을유문화사, 2002
2. 마우로기엔, 우진하 옮김, 《2030 축의 전환》, 리더스북, 2020

02 시골 촌장 브랜드가 MZ 대표 브랜드로 탈바꿈한 비법
1. 베블런 효과, 나무위키
2. J. B. 매키넌, 김하현 옮김, 《디컨슈머》, 문학동네, 2022

03 한 놈만 팬다
1. 마이클 포터, 범어디자인 옮김, 《마이클 포터의 경쟁우위》, 비즈니스랩, 2021

04 고객과 경쟁한다?
1. 〈데이터, 기업의 정체성을 재정의하나〉, 투이톡, 2021. 12. 7
2. 〈기업 본업의 재발견〉, 매경 이코노미, 2022. 12

05 미닝아웃(meaning out)만으로는 부족하다
1. 〈좋은 말도 마부를 잘 만나야〉, DBR, 2012.
2. 필립 코틀러, 이진원 옮김, 《마켓 4.0》, 더퀘스트, 2020

06 될 때까지 프리미엄
1. 장 카스타레드, 이소영 옮김, 《사치와 문명》, 뜨인돌, 2011

2. 박종대, 《K-뷰티 어디서 왔고 어디로 가고 있는가?》, 경향비피, 2022

07 긴 호흡으로 승부한다

1. 한국콘텐츠진흥원, 〈방송 트렌드&인사이트〉
2. 리베카 헨더슨, 임상훈 옮김, 《자본주의 대전환》, 어크로스, 2021
3. 〈UN 지속가능발전목표 개요〉, 지속가능발전포털

08 틈새를 찾아라

1. 〈픽업트럭 돌풍일까〉, 비즈워치, 2023.2.9
2. 〈구독경제 틈새시장 공략〉, 매일경제, 2023.3.29

09 글로벌 생존법, 화이부동(和而不同)

1. 모리타 아키오, 김성기 옮김, 《나는 어떻게 미래를 지배했는가》, 황금가지, 2001
2. 〈중국서 돈쭐난 한국 빵집〉, 웨이보, 나우뉴스, 2022.9.
3. 루쉰, 전형준 옮김, 《아Q정전》, 창비, 2014

그토록 바라던 반등의 기회

K - 뷰 티 인 차 이 나

ⓒ 고병수, 2024

초판 1쇄 발행 2024년 1월 25일

지은이   고병수
펴낸이   이기봉
편집   좋은땅 편집팀
펴낸곳   도서출판 좋은땅
주소   서울특별시 마포구 양화로12길 26 지월드빌딩 (서교동 395-7)
전화   02)374-8616~7
팩스   02)374-8614
이메일   gworldbook@naver.com
홈페이지 www.g-world.co.kr

ISBN   979-11-388-2740-9 (03320)